高等学校教材

环境监测实验

Huanjing Jiance Shiyan

孙德智　豆小敏　梁文艳　编

高等教育出版社·北京

内容提要

本书针对地表水、污（废）水、环境空气、土壤和噪声等环境介质设置环境监测实验，体现了环境监测全流程的思路，包括监测方案的制定、现场监测、分析测试等实际操作、监测数据处理，以及监测报告的编写。具体内容既体现了基本的监测过程训练，也涵盖了常规的、全面的环境监测实验技术。全书共分 5 章，第 1 章为地表水环境监测，第 2 章为污（废）水监测，第 3 章为环境空气质量监测，第 4 章为土壤环境质量监测，第 5 章为环境噪声监测。

本书为高等院校环境科学、环境工程专业的教学用书，也可供有关专业及环保技术人员参考。

图书在版编目（CIP）数据

环境监测实验 / 孙德智，豆小敏，梁文艳编．-- 北京：高等教育出版社，2015.8

ISBN 978-7-04-043214-5

Ⅰ．①环… Ⅱ．①孙… ②豆… ③梁… Ⅲ．①环境监测－实验－高等学校－教材 Ⅳ．①X83-33

中国版本图书馆 CIP 数据核字（2015）第148970号

策划编辑 陈正雄　　责任编辑 陈正雄　　封面设计 于文燕　　版式设计 于　婕
插图绘制 杜晓丹　　责任校对 张小镝　　责任印制 张泽业

出版发行 高等教育出版社
社　　址 北京市西城区德外大街4号
邮政编码 100120
印　　刷 北京市大天乐投资管理有限公司
开　　本 787mm×960mm 1/16
印　　张 6.25
字　　数 110千字
购书热线 010-58581118
咨询电话 400-810-0598
网　　址 http://www.hep.edu.cn
http://www.hep.com.cn
网上订购 http://www.landraco.com
http://www.landraco.com.cn
版　　次 2015 年 8 月第 1 版
印　　次 2015 年 8 月第 1 次印刷
定　　价 11.30元

物 料 号 43214-00

前言

“环境监测实验”是“环境监测”课程的实践教学环节，其教学目的是通过环境监测实验，使学生学会制定针对某环境要素的监测方案，进行现场布点与采样、分析测试、监测数据处理以及监测报告的编写，掌握环境监测的实验技能，提高学生的动手能力。

目前，随着环境问题的日益突出和公众环境保护意识的提高，社会对于环境监测人员提出了越来越高的要求，例如，在环境突发事件应对、环境污染事故处理、环境事件仲裁等过程中，要求环境监测工作者及时、准确、客观地给出相关环境要素的监测结果。针对社会需求，从专业人才培养角度，我们对环境监测实验教学环节中存在的问题进行了深入的分析。

我们认为目前高校开设的“环境监测实验”课程的教学内容所存在的主要问题是以“样品分析”为核心，即在实验室内对已经准备好的样品进行分析测试，而忽略了针对具体环境要素进行全面的环境监测实验，使得“环境监测实验”课程与“分析化学”或“仪器分析”课程没有明显的差异，导致环境专业的学生完成了理论学习和专业实验后仍不会针对具体环境要素进行环境监测，没有实现培养学生解决实际问题的能力和提高学生的动手能力的目的。

针对上述问题，结合我们在实际教学过程中的体会，我们对“环境监测实验”教学内容和教学方式进行了模块化整合，将“环境监测实验”教学内容整合为5个模块，即实验内容以地表水、污（废）水、空气质量、土壤和噪声5个环境要素为监测对象。基于监测目的的不同，指导学生制定相应的监测方案。监测指标的选择突出其代表性，避免重复。例如，针对污（废）水的环境监测，监测指标选择 pH、悬浮物、COD、BOD_5和氨氮等为代表；针对地表水的环境监测，监测指标选择水温、pH、溶解氧和高锰酸盐指数等为代表。现场监测依据相应的国家监测规范和标准进行布点和样品采集。现场监测和需带回到实验室分析的项目，依据国家相关标准方法进行分析测试。我们力求将最新的国家推荐的监测技术和方法应用到教学过程中，同时强调相似或等效监测方法的适用范围和分析误差。例如，水样氨氮的测定，存在 HJ/T 195—2005、HJ 537—2009、HJ 536—2009、HJ 535—20094 多种方法，通过方法适用性的辨析使得学生明白这4种监测方法的适用条件。最后，参考相应的污染物排放标准或环境质量标准，对监测结果进行分析，编制完成环境监测实验报告。

我们经过几年的教学实践，不断充实完善“环境监测实验”课程的内容和教学方式。本书由孙德智、豆小敏和梁文艳组织编写而成。在编写过程中得到高等教育出版社陈文、陈海柳、陈正雄等编辑的大力支持和鼓励，在此深表谢意。

限于编者水平，加之时间仓促，书中的错误、疏漏之处在所难免，希望得到专家、学者及广大读者批评指教。

编者
北京
2014 年 10 月

目录

绪论 ………… 1

第 1 章　地表水环境监测 ………… 4

1.1　实验目的 ………… 4

1.2　地表水监测方案的制定 ………… 4

1.2.1　基础资料的收集 ………… 4

1.2.2　监测项目的确定 ………… 4

1.2.3　监测断面和点位的确定 ………… 5

1.2.4　监测频次的确定 ………… 6

1.2.5　样品的保存和预处理 ………… 7

1.3　现场采样与监测 ………… 7

1.3.1　现场采样与监测的准备 ………… 7

1.3.2　现场采样和水样的处理 ………… 7

1.3.3　现场记录 ………… 9

1.4　实验室分析 ………… 9

1.4.1　溶解氧的测定 ………… 9

1.4.2　高锰酸盐指数的测定 ………… 11

1.4.3　总氮的测定 ………… 13

1.4.4　总磷的测定 ………… 16

1.5　地表水环境监测实验报告的编制 ………… 18

1.6　地表水环境监测质量保证措施 ………… 18

1.7　思考题 ………… 18

1.8　案例——北京市小月河水质监测 ………… 19

1.8.1　监测方案的制定 ………… 19

1.8.2　现场采样与监测 ………… 20

1.8.3　实验室分析 ………… 21

1.8.4　北京市小月河监测实验报告的编制 ………… 21

1.9　本章小结 ………… 22

第 2 章　污(废)水监测 ………… 23

2.1　实验目的 ………… 23

2.2　污(废)水监测方案的制定 ………… 23

2.2.1 基础资料的收集 …… 23
2.2.2 监测项目的确定 …… 23
2.2.3 监测点位的确定 …… 23
2.2.4 采样时间和频次的确定 …… 24
2.2.5 样品保存和预处理 …… 24
2.3 现场采样与监测 …… 25
2.3.1 现场采样与监测的准备 …… 25
2.3.2 现场采样和水样的处理 …… 25
2.3.3 现场记录 …… 26
2.4 实验室分析 …… 26
2.4.1 悬浮物的测定 …… 26
2.4.2 化学需氧量的测定 …… 27
2.4.3 生化需氧量的测定 …… 30
2.4.4 水中氨氮的测定 …… 36
2.5 污(废)水监测实验报告的编制 …… 39
2.6 污(废)水监测质量保证措施 …… 39
2.7 思考题 …… 40
2.8 案例——某大学校园污水处理站污水监测 …… 40
2.8.1 监测方案的制定 …… 40
2.8.2 现场采样与监测 …… 42
2.8.3 实验室分析 …… 42
2.8.4 校园污水处理站监测实验报告的编制 …… 42
2.9 本章小结 …… 43
第3章 环境空气质量监测 …… 45
3.1 实验目的 …… 45
3.2 环境空气质量监测方案的制定 …… 45
3.2.1 基础资料的收集 …… 45
3.2.2 监测项目的确定 …… 45
3.2.3 监测点位的确定 …… 46
3.2.4 采样时间和频率的确定 …… 46
3.2.5 样品保存和预处理 …… 46
3.3 现场采样与监测 …… 47
3.3.1 现场采样与监测的准备 …… 47
3.3.2 现场采样和样品的处理 …… 49
3.3.3 现场记录 …… 50
3.4 实验室分析 …… 50

3.4.1 SO_2 的测定 …… 50
3.4.2 NO_2 的测定 …… 55
3.4.3 PM_{10} 的测定 …… 57
3.5 环境空气质量监测实验报告的编制 …… 58
3.6 环境空气质量监测质量保证措施 …… 58
3.7 思考题 …… 58
3.8 案例——某大学校园空气环境质量监测案例 …… 59
3.8.1 监测方案的制定 …… 59
3.8.2 现场采样与监测 …… 60
3.8.3 实验室分析 …… 61
3.8.4 校园环境空气质量监测实验报告的编制 …… 61
3.9 本章小结 …… 62
第 4 章 土壤环境质量监测 …… 63
4.1 实验目的 …… 63
4.2 土壤环境质量监测方案的制定 …… 63
4.2.1 基础资料的收集 …… 63
4.2.2 监测项目的确定 …… 63
4.2.3 监测点位的确定 …… 64
4.2.4 采样时间与频次的确定 …… 65
4.3 现场采样与监测 …… 65
4.3.1 现场监测的准备 …… 65
4.3.2 现场采样和样品的处理 …… 66
4.3.3 现场记录 …… 66
4.4 实验室分析 …… 67
4.4.1 样品制备与保存 …… 67
4.4.2 镉的测定 …… 68
4.4.3 有机氯农药 DDT 的测定 …… 70
4.5 土壤环境质量监测报告的编制 …… 73
4.6 土壤环境质量监测质量保证措施 …… 73
4.7 思考题 …… 73
4.8 案例——某大学校园土壤环境质量监测 …… 74
4.8.1 监测方案的制定 …… 74
4.8.2 现场采样与监测 …… 74
4.8.3 实验室分析 …… 76
4.8.4 土壤环境质量监测实验报告的编制 …… 76
4.9 本章小结 …… 77

第 5 章 环境噪声监测 …… 78
5.1 实验目的 …… 78
5.2 环境噪声监测方案的制定 …… 78
5.2.1 区域环境噪声监测 …… 78
5.2.2 道路交通噪声环境监测 …… 79
5.3 现场监测 …… 80
5.3.1 实验仪器的准备 …… 80
5.3.2 现场监测和记录 …… 80
5.4 噪声数据处理与结果评价 …… 80
5.4.1 区域环境噪声监测的数据处理 …… 80
5.4.2 区域环境噪声监测结果评价 …… 81
5.4.3 道路交通噪声监测的数据处理 …… 81
5.4.4 道路交通噪声监测结果评价 …… 82
5.5 噪声监测质量保证措施 …… 82
5.6 思考题 …… 82
5.7 案例——某大学校园环境区域噪声监测 …… 83
5.7.1 监测方案的制定 …… 83
5.7.2 现场监测 …… 84
5.7.3 实验室数据分析 …… 85
5.7.4 环境噪声实验监测报告的编制 …… 85
5.8 本章小结 …… 86
参考文献 …… 87

绪　论

对于高等学校理工科的学生来说，实践教学在其整个本科培养阶段中具有举足轻重的作用，学生只有通过实践环节，才能更好地理解和掌握课堂所学到的基本理论知识，学生的实际动手能力、分析问题与解决问题的能力才能得到实质性提高。“环境监测实验”是高等理工科院校环境科学与环境工程本科专业的专业必修课，是配合“环境监测”理论课程的实践教学环节。其教学目的是通过环境监测实验，使学生掌握环境监测的基本知识和实验技能，学会制定针对环境要素的监测方案、监测布点、现场采样、样品保存运输、样品分析测试、监测数据处理与分析，监测报告的编写，为学生学习其他专业课程和毕业后从事环境监测、环境评价、环境工程等环境保护工作和进一步深造打下基础。

当前，随着人们生活水平的提高和公众环境意识的增强，从政府到广大人民群众都非常关注各环境要素的质量。环境监测是评价环境质量优劣的一个重要步骤，即通过对影响环境要素质量代表值的测定，给出环境质量的好坏。从环境监测所服务的社会需求来看，涉及为政府提供环境监管、行政决策、监督执法、环境信息公开服务，以及第三方环境监测的商业需求。因此，我国对于环境监测专门人才的需求有明显增加的趋势。用人单位迫切需要上手快、实践能力强、全面掌握环境监测流程的专门人才。对于高等学校环境监测人才的培养质量相应的提出了更高的要求，具体而言，要求学生能够相对独立地完成环境监测工作，掌握各个环节的技能，具体包括环境要素监测方案的制定、监测布点、现场采样、样品保存运输、样品分析测试、监测数据的处理与结果分析，以及监测报告的编写。

然而，目前我国高等院校环境科学和环境工程专业所开设的环境监测实验课程还不足以满足上述社会需求，主要存在以下问题。

现在的环境监测实验忽略了环境要素监测的整体性，不能充分反映环境要素的整体质量。具体讲，目前的实验多是按照单项指标设计的，例如污（废）水化学需氧量、生化需氧量测定等，根据实验结果不能对照相应国家标准如《污水综合排放标准》（GB 8978—1996）判断排放水质质量。另外，目前的环境监测实验缺乏对监测全过程的训练，对监测方案制定、监测布点、现场采样、样品保存运输、样品分析测试、监测数据处理与分析,监测报告的编写、全流程监测质量保证等各个环节没有具体认识。例如监测样品不是来自监测现场,使得同学们缺乏对整体监测工作流程的认识,对环境监测中的相关技术导则、规范、标准的具体规定不清楚。

此外,目前的环境监测实验多以样品分析为主,类似于分析化学或仪器分析实验,使得环境监测实验变成了单纯的指标分析过程。这样培养出来的专业学生缺少对环境监测工作整体性的认识,监测实验往往变成为分析几个指标的实验,缺乏针对具体的实际环境要素的监测实验。

从环境监测整个过程而言,国家都有相应的导则、规范、标准,如《大气污染物无组织排放监测技术导则》(HJ/T 55—2000),《环境空气质量监测点位布设技术规范(试行)》(HJ 664—2013),《环境空气质量标准》(GB 3095—2012)等。在对各环境要素的监测中,需要依据它们开展具体的监测活动。但是,目前的监测实验教学方式,使这些导则、规范、标准在学生的环境监测实验训练过程中无法得到运用。

针对目前高校环境监测实验教学中存在的上述问题,本文作者通过几年的教学改革和实践,从以下几个方面进行了改革尝试,现总结如下。

针对环境要素的监测实验训练,按照环境要素整合为五个模块,分别为地表水质量监测、污(废)水监测、环境空气质量监测、环境土壤质量监测和声环境质量监测。按教育部环境科学与环境工程类专业教学指导委会的要求,环境监测实验课的学时设定一般为 24~48 学时。而涉及五大环境要素的监测项目有上百项。如何在有限时间内让学生尽量多的接触到常规项目的监测,学会这些监测项目的监测方法与操作,成为授课教师和培养单位面临的挑战。在本书对每个环境要素的监测实验中,需要考虑以下几个方面的因素,来选取能反映环境要素质量的若干代表性监测项目:① 监测项目能够反映该环境要素的质量或污染源的污染状况,对于可能在不同要素中重复出现的监测项目进行了归并;② 具体监测项目的选取,在样品采集、保存、预处理以及分析测试方面,能够尽量多地涉及不同知识点的运用;③ 一些常规的采样设备与分析测试仪器都能够在所选取的监测项目中得到运用。

在针对环境监测实验全过程完整性训练方面,本书具体将监测实验过程综合归纳为监测方案制定、现场采样与监测、实验室分析、实验报告编制、监测质量保证等五个方面。具体而言,① 在监测方案制定环节,训练学生基于监测目的进行基础资料收集,监测项目确定,监测点位确定,采样时间和频次确定,样品预处理和运输、保存方案的确定;② 在现场采样与监测环节,训练学生进行现场采样与监测的准备、现场采样与样品处理、现场记录等操作;③ 在实验室分析环节,训练学生根据相关标准开展分析测试;④ 基于相关标准,进行环境质量报告的编写;⑤ 在全过程落实质量保证措施。

本书注重引导学生重视和运用环境监测所涉及的导则、规范和技术标准等开展环境监测实验。例如,在地表水、污(废)水环境监测方面,基于《地表水和污水监测技术规范》(HJ/T 91—2002)、《水质采样技术指导》(HJ 494—2009)、《水质采样方案设计技术规定》(HJ 495—2009)、《水质样品的保存和管理技术规定》(HJ 493—2009)等,收集基础资料,确定典型的监测项目,制定监测方案,对于采样点位布设、采样频次、采样方法选择、样品预处理、保存运输和时效性等做出具体的方案;在现场监测环节,如何基于规范、标准具体实施样品采集、样品预处理、保存运输等操作;在后续的实验室分析环节,如何确保准确测定,例如合理确定稀释倍数、消除干扰离子对测定的影响等;在地表水环境及污(废)水质评价环节,如何运用相关标准例如《地表水环境质量标准》(GB 3838—2002)、《污水综合排放标准》(GB 8978—1996)对监测结果进行分析工作;还有如何在全过程落实质量保证措施。

环境监测实验经过几年的教学改革和实践,所培养的学生不仅掌握了环境监测的理论知识,也完成了对五个环境要素监测全流程的完整训练,提高了同学们分析与解决问题的能力和实际操作能力。根据用人单位对毕业生的反馈,所培养出来的学生具有上手快、动手能力强,能快速胜任实际的环境监测岗位的能力。这是我们推广本书的动力所在。

第 1 章

地表水环境监测

1.1 实验目的

在地表水环境监测的理论课学习基础上,通过本实验,希望达到如下目的:学会制定地表水水质监测方案,并能够完成地表水现场监测和实验室内相关指标的测试。经过本实验的训练,使本科生能够相对独立地完成地表水环境监测任务,提高综合运用知识、解决问题的能力以及动手能力。

1.2 地表水监测方案的制定

根据监测目的,制定监测方案,确定资料调研的内容、监测断面和点位、监测项目、监测频次以及监测过程的质量控制和质量保证措施等。

本实验将以河流水质监测为例,说明监测方案制定的方法和主要内容,并按所制定的监测方案开展监测实验。

1.2.1 基础资料的收集

对于河流监测需要了解的背景资料包括:① 河水来源、河流流向、流经区域、长度、宽度和河流季节流量与流速。② 河流目前水体功能定位。③ 河流历史水质情况。④ 河流污染情况以及沿程污染排放情况。

对于湖(库)监测需要了解的背景资料包括:① 湖泊名称、汇水面积、水面面积、蓄水量、淤积库容、入湖(库)流量和出湖(库)流量。② 湖库水体功能定位。③ 湖泊历史监测水质。④ 湖(库)周边污染输入情况。

1.2.2 监测项目的确定

监测项目的确定原则有以下几点:

① 选择国家和地方地表水环境质量标准中要求控制的监测项目。② 选择对人和生物危害大、对地表水环境影响范围广的污染物。③ 选择国家污水综合排放标准中要求控制的监测项目。④ 所选监测项目有“标准分析方法”、“全国统一监测分析方法”。⑤ 各地可根据本地区污染源的特征和水环境保护功能的划分,酌情增减监测项目;根据本地区经济发展、监测条件的改善及技术水平的

提高，酌情增减监测项目。

国家《地表水和污水监测技术规范》（HJ/T 91—2002）对于河流和湖泊的监测项目有相应的规定，具体见表 1-1。本教材是以实验教学训练为主，在监测项目的选择上，根据河流和湖泊的具体情况适当筛选。

表 1-1　地表水监测项目

	必测项目	选测项目
河流	水温、pH、溶解氧、高锰酸盐指数、化学需氧量、BOD_5、氨氮、总氮、总磷、铜、锌、氟化物、硒、砷、汞、镉、铬（六价）、铅、氰化物、挥发酚、石油类、阴离子表面活性剂、硫化物和粪大肠菌群	总有机碳、甲基汞，其他项目参照工业废水监测项目，根据纳污情况由各级相关环境保护主管部门确定
湖泊水库	水温、pH、溶解氧、高锰酸盐指数、化学需氧量、BOD_5、氨氮、总磷、总氮、铜、锌、氟化物、硒、砷、汞、镉、铬（六价）、铅、氰化物、挥发酚、石油类、阴离子表面活性剂、硫化物和粪大肠菌群	总有机碳、甲基汞、硝酸盐、亚硝酸盐，其他项目参照工业废水监测项目，根据纳污情况由各级相关环境保护主管部门确定

由于实验教学课时的限制，针对河流和湖泊水环境监测，本实验选择水温、pH、溶解氧和高锰酸盐指数作为实验课必测项目，选择总氮和总磷作为实验课选测项目。

1.2.3　监测断面和点位的确定

监测点位确定的顺序为采样断面、中垂泓线和采样点，简称面—线—点。监测断面在总体和宏观上须能反映水系或所在区域的水环境质量状况。各断面的具体位置须能反映所在区域环境的污染特征；尽可能以最少的断面获取足够多的有代表性的环境信息；同时还须考虑实际采样时的可行性和便利性。针对实验教学课程的河流监测断面可选取典型位置，例如，河流入口、出口或汇流处。

1. 河流监测点位布设

设置监测断面后，在一个监测断面上设置的采样垂线数与各垂线上的采样点数应符合表 1-2 和表 1-3 所示要求。

表 1-2　采样垂线数的设置

水面宽	垂线数	说明
≤50 m	1 条（中泓）	1. 垂线布设应避开污染带，要测污染带应另加垂线 2. 确能证明该断面水质均匀时，可仅设中泓垂线 3. 凡在该断面要计算污染物通量时，必须按本表设置垂线
50～100 m	2 条（近左、右岸有明显水流处）	
>100 m	3 条（左、中、右）	

表 1-3 采样垂线上采样点数的设置

<table>
<tr><th>水深</th><th>采样点数</th><th>说明</th></tr>
<tr><td>≤5 m</td><td>上层 1 点</td><td rowspan="3">1. 上层指水面下 0.5 m 处,水深不到 0.5 m 时,在水深 1/2 处
2. 下层指河底以上 0.5 m 处
3. 中层指 1/2 水深处
4. 封冻时在冰下 0.5 m 处采样,水深不到 0.5 m 处时,在水深 1/2 处采样
5. 凡在该断面要计算污染物通量时,必须按本表设置采样点</td></tr>
<tr><td>5~10 m</td><td>上、下层 2 点</td></tr>
<tr><td>>10 m</td><td>上、中、下 3 层 3 点</td></tr>
</table>

2. 湖泊采样点位布设

湖泊通常只设监测垂线,如有特殊情况可参照河流的有关规定设置监测断面。湖泊的不同水域,如进水区、出水区、深水区、浅水区、湖心区和岸边区,按水体类别设置监测垂线。湖泊不同水域若无明显功能区别,可用网格法均匀设置监测垂线。监测垂线上采样点的布设一般与河流的规定相同,但对有可能出现温度分层现象时,应做水温、溶解氧的探索性试验后再定。受污染物影响较大的重要湖泊、水库,应在污染物主要输送路线上设置控制断面(见表 1-4)。

表 1-4 湖泊监测垂线采样点的设置

<table>
<tr><th>水深</th><th>分层情况</th><th>采样点数</th><th>说明</th></tr>
<tr><td>≤5 m</td><td></td><td>1 点(水面下 0.5 m 处)</td><td></td></tr>
<tr><td rowspan="2">5~10 m</td><td>不分层</td><td>2 点(水面下 0.5 m 处,水底上 0.5 m 处)</td><td rowspan="2">1. 分层指湖水温度分层状况
2. 水深不足 1 m,在 1/2 水深处设置测点
3. 有充分数据证实垂线水质均匀时,可酌情减少测点</td></tr>
<tr><td>分层</td><td>3 点(水面下 0.5 m 处,1/2 斜温层,水底上 0.5 m 处)</td></tr>
<tr><td>>10 m</td><td></td><td>除水面下 0.5 m 处,水底上 0.5 m 处外,按每一斜温分层 1/2 处设置</td><td></td></tr>
</table>

1.2.4 监测频次的确定

地表水的监测原则上应依据不同的水体功能、水文要素和污染源、污染物排放等实际情况,力求以最低的采样频次,取得最有时间代表性的样品,既要满足能反映水质状况的要求,又要切实可行。考虑到实验课程的教学性质和时间限制,本实验只瞬时监测 1 次。

注意湖库监测频次是否相同。

1.2.5　样品的保存和预处理

在制定地表水环境监测方案时，要考虑采集水样的保存和预处理措施。具体的水样预处理和保存方法见表 1-5。需要注意的是，不同监测项目对水样的采样容器、保存条件、保存时效和采样量有不同的规定。

现场进行 pH、温度和溶解氧的测定，或者现场进行溶解氧的固定，带回实验室分析。

1.3　现场采样与监测

1.3.1　现场采样与监测的准备

1. 实验仪器设备的准备

一般来说，采集水样使用的采样器包括聚乙烯塑料桶、单层采水瓶、直立式采水器、自动采样器、水质采样泵。多数情况下采用单层采样器。本教材推荐使用聚乙烯塑料桶直接采样。其他需要准备的包括便携式 pH 计和便携式溶解氧仪。

2. 实验材料的准备

准备的实验材料：盛装水样容器，包括硬质玻璃、聚乙烯、石英、聚四氟乙烯制的带磨口盖（或）塞瓶，原则上有机类监测项目选用玻璃材质容器，无机类监测项目可用聚乙烯容器；水样酸化和溶解氧固定所用试剂，包括（1+1）H_2SO_4、硫酸锰溶液和碱性碘化钾溶液；耗材，包括 pH 试纸、温度计、一次性滴管、标签纸和记号笔等。各种溶液配制如下：

（1）（1+1）H_2SO_4的配制：将 1 份 H_2SO_4加入 1 份去离子水中，混匀。

（2）硫酸锰溶液（325 g/L）。称取 480 g $MnSO_4 \cdot 4H_2O$ 或 364 g $MnSO_4 \cdot H_2O$ 溶于水，用水稀释至 1 000 mL。

（3）碱性碘化钾溶液。称取 500 g 氢氧化钠溶解于水（300～400 mL）中，另称取 150 g 碘化钾（或 135 g 碘化钠）溶于 200 mL 水中，待氢氧化钠溶液冷却后，将两溶液合并，混匀，用水稀释至 1 000 mL。如有沉淀，则放置过夜后，倾出上清液，储于棕色瓶中。用橡皮塞塞紧，避光保存。

1.3.2　现场采样和水样的处理

所用的采样器，在使用前，需用河水或湖水冲洗 3 次。

单层采样器采样：采样前将采样瓶与采样伸缩杆固定，将采样瓶下放到预定采样深度，提拉软绳，使瓶塞打开，待水灌满后迅速提出水面，倒掉上部一层水，便得到所需的水样。根据需要灌装到相应的容器中，并进行预处理及保存（表 1-5）。

表 1-5 水质样品的保存方法

序号	监测项目	储存温度和固定剂	可保存时间	采样体积/mL	容器	备注
1	pH		12 h	250	P，G	现场测定
2	悬浮物	低温 0~4 ℃	14 d	200	P，G	应尽快测定
3	溶解氧	低温 0~4 ℃	12 h	250	G	最好现场测定
4	高锰酸盐指数	低温 0~4 ℃	2 d	500	G	
5	总氮	加硫酸至 pH≤2	7 d	250	G,P	
6	总磷	加硫酸至 pH≤2	24 h	250	G,P	

注:P 指聚乙烯塑料瓶,G 指硬质玻璃瓶。

聚乙烯塑料桶采样:当用桶采集的水样为离表层零至几十厘米深处混合水样时,应避免水面漂浮物体进入采样桶。采样时,使桶口迎着水流方向浸入水中,水充满桶后,应迅速提出水面,根据需要灌装到相应的容器中,并进行预处理及保存(表 1-5)。

对于不同监测指标的样品现场处理方法不同。

(1) 溶解氧

溶解氧在要求精确测定时,使用水质采样泵来采集溶解氧样品。应使采集到的水样排出采样器中原有的水,而不是空气。泵水的压力不能明显低于大气压。样品应直接泵入溶解氧瓶中。如果不要求精确测定,可以用一个瓶子或者桶来采集溶解氧样品,然后虹吸分装到溶解氧瓶中。本课程实验因为不要求精确测定,所以选择直接使用聚乙烯塑料桶来采集溶解氧样品。

水样采集后,使用溶解氧瓶分装 250 mL,现场进行溶解氧的固定。用吸管插入溶解氧瓶的液面下,加入 1 mL(325 g/L)硫酸锰溶液、2 mL(150 g/L)碱性碘化钾溶液,盖好瓶塞,颠倒混合数次,静置。待棕色沉淀物降至瓶内一半时,再颠倒混合一次,待沉淀物下降到瓶底,然后将样品在 0~4 ℃低温冷藏,保存时效 12 h。

(2) 悬浮物

水样采集后,使用聚乙烯塑料瓶或硬质玻璃瓶盛装 250 mL,0~4 ℃低温冷藏,保存时效 14 d。

(3) 高锰酸盐指数

水样采集后,使用硬质玻璃瓶盛装 500 mL,0~4 ℃低温冷藏,保存时效 2 d。

(4) 总氮和总磷

水样采集后,使用聚乙烯塑料瓶或硬质玻璃瓶盛装 250 mL,加(1+1)H_2SO_4至 pH≤2,保存时效总氮为 7 d,总磷为 24 h。

1.3.3　现场记录

一些指标，如水温、pH、溶解氧等需要现场测定，同时依照表 1-6 详细记录编号、湖(库)河流名称、采样位置、气象参数和一些指标的现场测试结果。

表 1-6　现场采样记录

编号	河流、湖(库)名称	采样点位	气象参数	水温	pH	溶解氧	备注

对于所采集水样，现场不能完成测试的，需要做好标签、记录带回实验室测试，水样采集后要及时将样品编号并记录信息(表 1-7)。

表 1-7　水样信息详细记录

监测对象		采样人员		采样时间	
采样点位		样品容器		样品编号	
待监测指标		现场处理		储存条件	
运输条件		水温/℃		pH	
溶解氧/($mg \cdot L^{-1}$)		备注			

采集的样品和采样记录表运回后按照规范在实验室内保存，确保存放位置整齐、标签齐备。

1.4　实验室分析

1.4.1　溶解氧的测定

溶解氧测试的国标方法包括《水质　溶解氧的测定　碘量法》(GB/T 7489—1987)和《水质　溶解氧的测定　电化学探头法》(HJ 506—2009)。碘量法操作简单，结果准确性高，不需要投入仪器设备。电化学方面具有响应速度快、便捷的特点，但需要购置溶解氧测定仪。鉴于碘量法的通用性和易于实施的特点，本实验选择该方法。

1. 实验原理

样中加入硫酸锰和碱性碘化钾，水中溶解氧将低价锰氧化成高价锰，生成 4

价锰的氧化物棕色沉淀。加酸后,氢氧化物沉淀溶解并与碘离子反应释放出游离碘。以淀粉作指示剂,用硫代硫酸钠滴定释放出的碘,可计算溶解氧的含量,相应的反应方程如下:

$$MnSO_4+2NaOH=Na_2SO_4+Mn(OH)_2$$

$$2Mn(OH)_2+O_2=2MnO(OH)_2\text{(棕色沉淀)}$$

$$MnO(OH)_2+2H_2SO_4=Mn(SO_4)_2+3H_2O$$

$$Mn(SO_4)_2+2KI=MnSO_4+K_2SO_4+I_2$$

$$2Na_2S_2O_3+I_2=Na_2S_4O_6+2NaI$$

2. 仪器

250~300 mL 溶解氧瓶(见图 1-1)。

图 1-1 溶解氧瓶

3. 试剂

(1) (1+5)硫酸溶液。

(2) 1%淀粉溶液。称取 1 g 可溶性淀粉,用少量水调成糊状,再用刚煮沸的水冲稀至 100 mL。冷却后,加入 0.1 g 水杨酸或 0.4 g 氯化锌防腐。

(3) 重铬酸钾标准溶液 $C(1/6\ K_2Cr_2O_7)$ 0.025 0 mol/L。称取于 105~110 ℃烘干 2 h 并冷却的优级纯重铬酸钾 1.225 8 g,溶于水,移入 1 000 mL 容量瓶中,用水稀释至标线,摇匀。

(4) 硫代硫酸钠溶液。称取 3.2 g 硫代硫酸钠($Na_2S_2O_3 \cdot 5H_2O$)溶于煮沸后放冷的水中,加入 0.2 g 碳酸钠,用水稀释至 1 000 mL 储于棕色瓶中,使用前用 0.025 0 mol/L 重铬酸钾标准溶液标定,标定方法如下:

向 250 mL 碘量瓶中加入 100 mL 水和 1 g 碘化钾,再加入 10.00 mL 0.025 0 mol/L重铬酸钾标准溶液、5 mL(1+5)硫酸溶液,密塞,摇匀。于暗处静置 5 min 后,用硫代硫酸钠溶液滴定至溶液呈淡黄色,加入 1 mL 淀粉溶液,继续滴定至蓝色刚好褪去为止,记录用量。

$$M=\frac{10.00\times 0.025\ 0}{V} \tag{1-1}$$

式中:M——硫代硫酸钠溶液的浓度,mol/L;

V——滴定时消耗硫代硫酸钠溶液的体积,mL。

4. 实验步骤

(1) 析出碘。轻轻打开瓶塞,立即用吸管插入液面下加入 2.0 mL 硫酸。小心盖好瓶塞,颠倒混合摇匀至沉淀物全部溶解为止,放置暗处 5 min。

(2) 滴定。移取 100.0 mL 上述溶液于 250 mL 锥形瓶中,用硫代硫酸钠溶液滴定至溶液呈淡黄色，加入 1 mL 淀粉溶液，继续滴定至蓝色刚好褪去为止，记录硫代硫酸钠溶液用量。

5. 结果计算

$$溶解氧(O_2, mg/L) = \frac{MV \times 8 \times 1\ 000}{100} \tag{1-2}$$

式中：M——硫代硫酸钠溶液浓度，mol/L；

V——滴定时消耗硫代硫酸钠溶液体积，mL。

6. 注意事项

（1）如果水样中含有氧化性物质（如游离氯大于 0.1 mg/L 时），应预先于水样中加入硫代硫酸钠去除。即用两个溶解氧瓶各取一瓶水样，在其中一瓶加入 5 mL(1+5)硫酸和 1 g 碘化钾，摇匀，此时游离出碘。以淀粉作指示剂，用硫代硫酸钠溶液滴定至蓝色刚褪，记下用量（相当于去除游离氯的量）。于另一瓶水样中，加入同样量的硫代硫酸钠溶液，摇匀后，按操作步骤测定。

（2）如果水样呈强酸性或强碱性，可用氢氧化钠或硫酸液调至中性后测定。

1.4.2　高锰酸盐指数的测定

高锰酸盐指数，是指在酸性或碱性介质中，以高锰酸钾为氧化剂，处理水样时所消耗的量，以氧的 mg/L 来表示。水中的亚硝酸盐、亚铁盐、硫化物等还原性无机物和在此条件下可被氧化的有机物，均可消耗高锰酸钾。因此，高锰酸盐指数常被作为地表水体受有机污染物和还原性无机物质污染程度的综合指标。

高锰酸盐指数的测定国标方法包括《水质　高锰酸盐指数的测定》(GB/T 11892—1989)和《高锰酸盐指数水质自动分析仪技术要求》(HJ/T 100—2003)。对于实验室常规分析，往往使用前者，该方法适用于饮用水、水源水和地面水的测定，测定范围为 0.5~4.5 mg/L。

1. 实验原理

水样加入硫酸使呈酸性后，加入一定量的高锰酸钾溶液，并在沸水浴中加热反应一定的时间。剩余的高锰酸钾，加入过量的草酸钠溶液还原，再用高锰酸钾溶液回滴过量的草酸钠，通过计算求出高锰酸盐指数值。

高锰酸盐指数是一个相对的条件性指标，其测定结果与溶液的酸度、高锰酸盐浓度、加热温度和时间有关。因此，测定时必须严格遵守操作规定，使结果具有可比性。

酸性法适用于氯离子含量不超过 300 mg/L 的水样。当水样的高锰酸盐指数值超过 10 mg/L 时，则酌情分取少量试样，并用水稀释后再行测定。

2. 仪器

（1）沸水浴装置。

（2）250 mL 锥形瓶。

（3）50 mL 酸式滴定管。

（4）定时钟。

3. 试剂

（1）高锰酸钾储备液（$1/5\ KMnO_4$ = 0.1 mol/L）。称取 3.2 g 高锰酸钾溶于 1.2 L 水中，加热煮沸，使体积减少到约 1 L，在暗处放置过夜，用玻璃沙芯漏斗过滤后，将滤液储于棕色瓶中保存。使用前用 0.100 0 mol/L 的草酸钠标准储备液标定，求得实际浓度。

（2）高锰酸钾使用液（$1/5\ KMnO_4$ = 0.01 mol/L）。吸取一定量的上述高锰酸钾溶液，用水稀释至 1 000 mL 调节至 0.01 mo1/L 准确浓度，储于棕色瓶中。使用当天应进行标定。

（3）(1+3) 硫酸。配制时趁热滴加高锰酸钾溶液至呈微红色。

（4）草酸钠标准储备液（$1/2\ Na_2C_2O_4$ = 0.100 0 mol/L）：称取 0.670 5 g 在 105～110 ℃烘干 1 h 并冷却的优级纯草酸钠溶于水，移入 100 mL 容量瓶中，用水稀释至标线。

（5）草酸钠标准使用液（$1/2\ Na_2C_2O_4$ = 0.010 0 mol/L）：吸取 10.00 mL 上述草酸钠溶液移入 100 mL 容量瓶中，用水稀释至标线。

4. 实验步骤

（1）水样移取或稀释。分取 100 mL 混匀水祥（如高锰酸盐指数高于 10 mg/L，需要依据水样特征、文献及历史监测数据进行稀释）于 250 mL 锥形瓶中。

（2）水样水浴。继续加入 5 mL（1+3）硫酸，混匀。然后加入 10.00 mL 0.01 mol/L 高锰酸钾溶液，摇匀，立即放入沸水浴中加热 30 min（从水浴重新沸腾起计时）。沸水浴液面要高于反应溶液的液面。

（3）返滴定。取下锥形瓶，趁热加入 10.00 mL 0.010 0 mol/L 草酸钠标准溶液，摇匀。立即用 0.01 mol/L 高锰酸钾溶液滴定至显微红色，记录高锰酸钾溶液消耗量。

（4）高锰酸钾溶液浓度标定。将上述已滴定完毕的溶液加热至约 70 ℃，准确加入 10.00 mL 草酸钠标准溶液（0.010 0 mol/L），再用 0.01 mol/L 高锰酸钾溶液滴定至显微红色。记录高锰酸钾溶液的消耗量，按下式求得高锰酸钾溶液的校正系数（K）。

$$K=\frac{10.00}{V} \tag{1-3}$$

式中：V——高锰酸钾溶液消耗量，mL。

若水样经稀释时，应同时另取 100 mL 水，同水样操作步骤进行空白试验。

5. 结果计算

（1）水样不经稀释

$$\text{高锰酸盐指数}(O_2,\text{mg/L})=\frac{[(10+V_1)K-10]\times M\times 8\times 1\ 000}{100} \qquad (1-4)$$

式中：V_1——滴定水样时，高锰酸钾溶液的消耗量，mL；

K——校正系数；

M——草酸钠溶液浓度，mol/L；

8——氧$\left(\frac{1}{2}\text{O}\right)$摩尔质量。

（2）水样经稀释

$$\text{高锰酸盐指数}(O_2,\text{mg/L})=\frac{\{[(10+V_1)K-10]-[(10+V_0)K-10]\times C\}\times M\times 8\times 1\ 000}{V_2} \qquad (1-5)$$

式中：V_0——空白试验中高锰酸钾溶液消耗量，mL；

V_2——分取水样量，mL；

C——稀释的水样中含水的比值，例如：10.0 mL 水样，加 90 mL 水稀释至 100 mL，则 $C=9.0$。

6. 注意事项

（1）在水浴中加热完毕后，溶液仍应保持淡红色，如变浅或全部褪去，说明高锰酸钾的用量不够。此时，应将水样稀释倍数加大后再测定，使加热氧化后残留的高锰酸钾为其加入量的 1/2～1/3 为宜。

（2）在酸性条件下，草酸钠和高锰酸钾的反应温度应保持在 60～80 ℃，所以滴定操作必须趁热进行，若溶液温度过低，需适当加热。

（3）水样采集后，应加入硫酸使 pH 调至<2，以抑制微生物活动。样品应尽快分析，并在 48 h 内测定。

1.4.3　总氮的测定

水中总氮测定的国标包括两种方法，《水质　总氮的测定　碱性过硫酸钾消解紫外分光光度法》（HJ 636—2012）和《水质　总氮的测定　气相分子吸收光谱法》（HJ/T 199—2005）。碱性过硫酸钾消解紫外分光光度法适用于测定地表水、地下水、工业废水和生活污水中的总氮，当样品量为 10 mL 时，检出限 0.05 mg/L，测定下限 0.200 mg/L，测定上限 7 mg/L。气相分子吸收光谱法适用于测定地表水、水库、湖泊、江河水中的总氮。检出限 0.050 mg/L，测定下限 0.200 mg/L，测定上限 100 mg/L。由于碱性过硫酸钾消解紫外分光光度法适用的对象广,无须配置大型仪器气相分子吸收光谱仪,所以本实验只介绍碱性过硫酸钾消解紫外分光光度法测定总氮。

1. 实验原理

在 120~124 ℃下,碱性过硫酸钾溶液使样品中含氮化合物的氮转化为硝酸盐,采用紫外分光光度法于波长 220 nm 和 275 nm 处,分别测定吸光度 A_{220} 和 A_{275},按公式(1-6)计算校正吸光度 A,总氮(以 N 计)含量与校正吸光度 A 成正比。

$$A=A_{220}-2A_{275} \tag{1-6}$$

当碘离子含量相对于总氮含量的 2.2 倍以上,溴离子含量相对于总氮含量的 3.4 倍以上时,对测定产生干扰;水样中的 6 价铬离子和 3 价铁离子对测定产生干扰,可加入 5%盐酸羟胺溶液 1~2 mL 消除。

2. 仪器

(1) 紫外分光光度计,具 10 mm 石英比色皿。

(2) 高压蒸气灭菌器。最高工作压力不低于 1.1~1.4 kg/cm^2,最高工作温度不低于 120~124 ℃。

(3) 具塞磨口玻璃比色管。25 mL。

(4) 一般实验室常用仪器和设备。

3. 试剂

(1) 硝酸钾(KNO_3)。基准试剂或优级纯。在 105~110 ℃下烘干 2 h,在干燥器中冷却至室温。

(2) 浓盐酸。$\rho_{(HCl)}=1.19$ g/mL。

(3) 浓硫酸。$\rho_{(H_2SO_4)}=1.84$ g/mL。

(4) 盐酸溶液。1+9。

(5) 硫酸溶液。1+35。

(6) 氢氧化钠溶液。$\rho_{(NaOH)}=200$ g/L,称取 20.0 g 氢氧化钠溶于少量水中,稀释至 100 mL。

(7) 氢氧化钠溶液。$\rho_{(NaOH)}=20$ g/L,量取氢氧化钠溶液 10.0 mL,用水稀释至 100 mL。

(8) 碱性过硫酸钾溶液。称取 40.0 g 过硫酸钾溶于 600 mL 水中(可置于 50 ℃水浴中加热至全部溶解);另称取 15.0 g 氢氧化钠溶于 300 mL 水中。待氢氧化钠溶液温度冷却至室温后,混合两种溶液定容至 1 000 mL,存放于聚乙烯瓶中,可保存一周。

(9) 硝酸钾标准储备液。$\rho_{(N)}=100$ mg/L:称取 0.721 8 g 硝酸钾溶于适量水,移至 1 000 mL 容量瓶中,用水稀释至标线,混匀。加入 1~2 mL 三氯甲烷作为保护剂,在 0~10 ℃暗处保存,可稳定 6 个月。也可直接购买市售有证标准溶液。

(10) 硝酸钾标准使用液。$\rho_{(N)}$ = 10.0 mg/L,量取 10.00 mL 硝酸钾标准储备液至 100 mL 容量瓶中,用水稀释至标线,混匀,临用现配。

4. 实验步骤

(1) 样品准备。取适量样品用氢氧化钠溶液或硫酸溶液调节 pH 至 5~9,待测。

(2) 消解。

① 标准曲线系列消解:分别量取 0.00、0.20、0.50、1.00、3.00 和 7.00 mL 硝酸钾标准使用液于 25 mL 具塞磨口玻璃比色管中,其对应的总氮(以 N 计)含量分别为 0.00、2.00、5.00、10.0、30.0 和 70.0 μg。加水稀释至 10.00 mL,再加入 5.00 mL碱性过硫酸钾溶液,塞紧管塞,用纱布和线绳扎紧管塞,以防弹出。将比色管置于高压蒸气灭菌器中,加热至顶压阀吹气,关阀,继续加热至 120 ℃开始计时,保持温度在 120~124 ℃之间 30 min。自然冷却、开阀放气,移去外盖,取出比色管冷却至室温,按住管塞将比色管中的液体颠倒混匀 2~3 次。最大试份体积为 50 mL,可测定硝酸盐氮浓度至 2.0 mg/L。

② 样品消解:量取 10.00 mL 试样于 25 mL 具塞磨口玻璃比色管中,按照①中相同的步骤进行消解。

③ 空白消解:用 10.00 mL 水代替样品,按照①步骤进行测定。

(3) 吸光度测定及结果计算。无论是标准系列试样,还是样品或是空白试样,每个比色管分别加入 1.0 mL 盐酸溶液,用水稀释至 25mL 标线,盖塞混匀。使用 10 mm 石英比色皿,在紫外分光光度计上,以水作参比,分别于波长220 nm 和 275 nm 处测定吸光度。零浓度的校正吸光度 A_b、其他标准系列的校正吸光度 A_s及其差值 A_r按公式(1-7)、(1-8)和(1-9)进行计算。以总氮(以 N 计)含量(μg)为横坐标,对应的 A_r值为纵坐标,绘制校准曲线。

$$A_b = A_{b220} - 2A_{b275} \tag{1-7}$$

$$A_s = A_{s220} - 2A_{s275} \tag{1-8}$$

$$A_r = A_s - A_b \tag{1-9}$$

式中:A_b——零浓度(空白)溶液的校正吸光度;

A_{b220}——零浓度(空白)溶液于波长 220 nm 处的吸光度;

A_{b275}——零浓度(空白)溶液于波长 275 nm 处的吸光度;

A_s——标准溶液的校正吸光度;

A_{s220}——标准溶液于波长 220 nm 处的吸光度;

A_{s275}——标准溶液于波长 275 nm 处的吸光度;

A_r——标准溶液校正吸光度与零浓度(空白)溶液校正吸光度的差。

5. 结果计算

参照公式(1-7)~(1-9)计算试样校正吸光度和空白试验校正吸光度差值 A_r,样品中总的质量浓度 ρ(mg/L)按如下公式进行计算。

$$\rho = \frac{(A_r - a) \times f}{b \times V} \tag{1-10}$$

式中:ρ——样品中总氮(以 N 计)的质量浓度,mg/L;

A_r——试样的校正吸光度与空白试验校正吸光度的差值;

a——校准曲线的截距;

b——校准曲线的斜率;

V——试样体积,mL;

f——稀释倍数。

当测定结果小于 1.00 mg/L 时,保留到小数点后两位;大于等于 1.00 mg/L 时,保留 3 位有效数字。

1.4.4 总磷的测定

《水质　总磷的测定　钼酸铵分光光度法》(GB 11893—1989)规定了用过硫酸钾(或硝酸-高氯酸)为氧化剂,将未经过滤的水样消解,用钼酸铵分光光度法测定总磷。适用于测定地面水、污水和工业废水中包括溶解的、颗粒的、有机的和无机的磷在内的总磷。取 25 mL 试样,最低检出浓度 0.01 mg/L,测定上限0.6 mg/L。

1. 实验原理

在中性条件下用过硫酸钾(或硝酸-高氯酸)使试样消解,将所含磷全部氧化为正磷酸盐。在酸性介质中,正磷酸盐与钼酸铵反应,在锑盐存在下生成磷钼杂多酸后,立即被抗坏血酸还原,生成蓝色的络合物。在 700 nm 波长处,测定样品吸光度对照标准曲线定量。

2. 仪器

(1) 高压灭菌锅。

(2) 50 mL 具塞磨口刻度管。

(3) 分光光度计。

3. 试剂

(1) 硫酸(H_2SO_4),密度 1.84 g/mL。

(2) 硝酸(HNO_3),密度 1.4 g/mL。

(3) 高氯酸($HClO_4$),优级纯,密度 1.68 g/mL。

(4) 硫酸(H_2SO_4),1+1。

（5）硫酸（H_2SO_4），约 $c\left(\frac{1}{2}H_2SO_4\right)=1$ mol/L，将 27 mL 硫酸（1）加入 973 mL水中。

（6）氢氧化钠，1 mol/L，将 40 g 氢氧化钠溶解于 1 000 mL 水中。

（7）氢氧化钠，6 mol/L，将 240 g 氢氧化钠溶解于 1 000 mL 水中。

（8）过硫酸钾，50 g/L 溶液，将 5 g 过硫酸钾（$K_2S_2O_8$）溶解于水，稀释至 100 mL。

（9）抗坏血酸，100 g/L 溶液，将 10 g 抗坏血酸（$C_6H_8O_6$）溶解于水，稀释至 100 mL。

（10）钼酸铵溶液，溶解 13 g 钼酸铵（$(NH_4)_6Mo_7O_{24}$）于 100 mL 水中。溶解 0.35 g 酒石酸锑钾（$KSbC_4H_4O_7\cdot 0.5H_2O$）于 100 mL 水中。在不断搅拌的情况下将钼酸铵溶液徐徐加入 300 mL 1+1 硫酸中（4），加酒石酸锑钾溶液并且混合均匀。

4. 实验步骤

（1）试样的制备

① 样品准备。取 25 mL 样品于具塞刻度管中，取时应仔细摇匀，以得到溶解部分和悬浮部分均具有代表性的试样。

② 空白准备。空白试验取 25 mL 去离子水代替试样。

③ 标准曲线系列。取 7 只 25 mL 具塞比色管，分别加入 0.00，0.50，1.00，3.00，5.00，10.00 和 15.00 mL 磷酸盐标准溶液，加水至 25 mL。

（2）消解

① 过硫酸钾消解：向以上试样中分别加入 4 mL 过硫酸钾，将具塞刻度管的塞盖紧后，用纱布和细线将玻璃塞扎紧，放在大烧杯中，置于高压灭菌锅内加热，待压力达到 1.1 kg/cm^2，相应温度为 120 ℃时，保持 30 min 后停止加热。待压力表读数降至零后，取出放冷，然后用水稀释至 25 mL 标线。

② 硝酸—高氯酸消解：取 25 mL 试样于锥形瓶中，加数粒玻璃珠，加 2 mL 硝酸在电热板上加热浓缩至 10 mL。冷却后加 5 mL 硝酸，再加热浓缩至10 mL，放冷。加 3 mL 高氯酸，加热至冒白烟，此时可在锥形瓶上加小漏斗，使消解液在锥形瓶内壁保持回流状态，直至剩下 3～4 mL，放冷。加水 10 mL，然后加 1 mL 酚酞指示剂，滴加氢氧化钠溶液至刚呈微红色，再加硫酸溶液使微红色刚好褪去，充分混匀。移至具塞刻度管中，用水稀释至 25 mL 标线。

（3）显色及吸光度测定。分别向各份消解液中加入 1 mL 抗坏血酸溶液混匀，30 s 后加入 2 mL 钼酸盐充分混匀，在室温下放置 15 min 后，使用光程30 mm 比色皿，在 700 nm 波长下，以水为参比，测定样品和空白的吸光度，扣除空白的吸光度后，用标准曲线查得样品的浓度。

5. 结果计算

总磷含量以 C(mg/L)表示,按下式计算:

$$C = \frac{m}{V} \tag{1-11}$$

式中:m——试样测得含磷量,μg;

V——测定用试样体积,mL。

1.5 地表水环境监测实验报告的编制

地表水环境监测实验报告包括如下主要内容:

(1) 地表水环境监测实验方案。包括地表水监测目的、基础资料、监测项目、监测点位、现场采样及实验室分析的要求。

(2) 现场采样与监测。包括现场布点、现场采样、现场监测、现场样品预处理、样品保存、现场记录等。

(3) 实验室分析。包括具体监测项目的测试。

(4) 地表水监测结果分析及结论。

1.6 地表水环境监测质量保证措施

(1) 监测过程采用全流程的质量保证,包括制定方案、现场采样、样品预处理、实验室分析、监测报告形成等,严格按照相关国家规范执行。

(2) 采集的样品要注意保存方法和分析的时效性。

(3) 实验室内监测项目分析要选用最新的国家标准。

(4) 实验室内采用的质量保证措施。包括:加标回收法、平行性测试、空白试验、标准曲线、质量控制样品。

(5) 实验数据处理要符合国标中关于处理和统计的相关规定,注意有效数字修约规则。

1.7 思考题

(1) 监测项目中总氮都包括哪些氮的形态?

(2) 如果采样段内有支流和排污口进入河流,如何进行采样?

(3) 对于湖泊(库)的水质监测,有哪些方面与河流的监测不同?

(4) COD、BOD_5、高锰酸盐指数和总有机碳都是表示水体有机污染物浓度的指标,有何异同?它们分别可以用来表示哪些水体类型的有机污染物浓度?并说明它们的测定方法有何异同,表示结果有何异同。

1.8 案例——北京市小月河水质监测

1.8.1 监测方案的制定

1. 基础资料收集

小月河是北京地区的一条河流，为清河的一级支流。1984 年至 1985 年进行河道治理时，将原小月河与西北土城沟组合贯通，统称"小月河"。此后，小月河就改为起自明光寺学院路雨水下水道口，向北至黄亭子，再向东至祁家豁子，然后沿着原来小月河故道一直向北入清河。河流全长 6.4 km，宽度 8~15 m 不等。河流冬春季水量少、夏秋季由于雨水汇入水量多，属于缓流水体。小月河的状况如图 1-2 所示。小月河功能定位为城市景观水体。目前小月河沿岸有雨水排入和少量零散的生活污水排入，尚无水质监测数据的报道，只有零星提及小月河周边居民反映有味道的新闻报道。污染输入主要来自两岸雨水径流携带路面污染物的汇入，和沿岸居民、商业污水的偷排。

本案例所选择的对小月河的监测河段为从石板房南路至汇智大厦段，该段长度 1 500 m，宽度 8~13 m，属于小河流。

图 1-2 小月河外貌

2. 监测项目的确定

按照《地表水环境质量标准》(GB 3838—2002)要求，由于小月河不是集中式生活地表水源地，所以监测项目只选择基本监测项目，共有 6 项。具体监测项目和监测方法可见表 1-8。其中水温、pH 和溶解氧现场测定，高锰酸盐指数列为必测项目，总氮和总磷列为选测项目。

表 1-8 小月河地表水监测项目

序号	监测项目	监测方法(标准)
1	水温	温度计法(GB 13195—1991)

续表

序号	监测项目	监测方法(标准)
2	pH	玻璃电极法(GB 6920—1986)
3	溶解氧	电化学探头法(HJ 506—2009)
4	高锰酸盐指数	水质　高锰酸盐指数的测定(GB 11892—1989)
5	总氮	碱性过硫酸钾消解紫外分光光度法(HJ 636—2012)
6	总磷	钼酸铵分光光度法(GB/T 11893—1989)

3. 监测频次的确定

根据我国地表水监测技术规范,中、小河流全年采样监测次数不少于 6 次,时间为丰水期、枯水期和平水期,每期采样 2 次。由于小月河为小河流,所以监测采样定为全年 6 次,监测时根据教学实验安排,处于丰水期(或枯水期、平水期),所代表的水质为该期的水质状况。因此,采样频率为每期 1 次,取多次瞬时水样进行等体积混合。

4. 采样断面和采样点的确定

石板房南路至汇智大厦段离小清河最近处有一座跨河桥,因此将采样断面定在此处,从桥面放置采样器进行采样。

小月河水面宽小于 50 m,所以只设置一条中泓垂线;河水深度在 3~4 m 间,因为小于 5 m,所以只在水面下 0.5 m 设置一个采样点。

1.8.2　现场采样与监测

1. 现场调查

现场调查的信息包括监测对象、采样人员、采样时间、气象条件等,调查内容填入表 1-9。

2. 现场采样和水样的处理

采样器用水样冲洗 3 次后,正式取样。将固定好铅坠的单层采样器慢慢放入水中,到达预定水层时,提拉软绳,使瓶塞打开,待水灌满后迅速提出水面,倒掉上部一层水,便得到所需的水样。现场测定水温、pH、溶解氧等,记录入表 1-9 中。

将所采集水样按表 1-4 要求进行现场处理,并贴好标签和记录,然后加入保存剂后,封装好,运输回实验室。

3. 现场记录

要做好现场记录,例如河流湖(库)名称、采样位置、气象参数、水温、pH、溶解氧等,另外像采样地点、采样日期、样品编号等,具体需要记录的必要信息见表 1-9 和表 1-10。

表 1-9　现场采样记录

河流湖(库)名称	采样位置	气象参数	水温	pH	溶解氧	备注
小月河	石板房南路至汇智大厦段跨河桥	气温 7.1 ℃,晴	6 ℃	6.8	3.6	

表 1-10　水样信息详细记录

采样地点	小月河	采样日期	2013.10.21	样品类型	河水
待监测指标	高锰酸盐指数、总氮	样品编号	小月河 1#断面	现场处理	见表 1-4
储存条件	见表 1-4	运输条件	置保温箱内,上覆冰袋	分析时效	见表 1-4
采样人员	环境 2011 级第 1 组	备注			

1.8.3　实验室分析

在实验室内对高锰酸盐指数和总氮进行分析测试,测试方法及具体过程见表 1-8。

1.8.4　北京市小月河监测实验报告的编制

(1) 小月河地表水质监测实验方案的制定。包括:① 基础资料的收集;② 监测项目的确定;③ 监测断面和点位的确定;④ 采样时间和频次的确定等内容,具体要求见本章 1.2。

(2) 现场采样与监测。包括:① 实验仪器设备的准备和实验材料的准备,如采样设备、样品盛装容器、采样试剂和耗材等;② 现场采样;③ 现场测试;④ 现场记录等。具体要求见本章 1.3。

(3) 实验室分析。实验室内具体分析方法见表 1-8,具体过程略。

(4) 地表水监测结果分析及结论。小月河水质监测结果如表 1-11 所示。

表 1-11　小月河水质监测结果

监测项目	水温/℃	pH	溶解氧/($mg\cdot L^{-1}$)	高锰酸盐指数/[$mg(O_2)\cdot L^{-1}$]	总氮/($mg\cdot L^{-1}$)	总磷/($mg\cdot L^{-1}$)
小月河 1#断面	6	6.8	3.6	12	1.7	0.13
Ⅳ类标准值①	—	6.0~9.0	3②	10③	1.5④	0.3

①《地表水环境质量标准》(GB 3838—2002)。②③④ 分别代表标准中Ⅳ类、Ⅴ类和Ⅴ类标准对溶解氧、高锰酸盐指数和总氮的标准规定值。

按照北京市水体功能分区,小月河的水体功能为非直接接触的景观娱乐用水,应控制达到《地表水环境质量标准》(GB 3838—2002)中的Ⅳ类标准。据此,将小月河1#断面的水质监测结果与该标准进行对比可知,该监测断面的总磷、pH和溶解氧满足Ⅳ类标准要求,高锰酸盐指数和总氮劣于Ⅳ类标准,表明需加强对小月河高锰酸盐指数和总氮的控制。

1.9 本章小结

本章包括地表水监测方案制定、现场采样与监测、实验室分析、地表水监测实验报告的编制等环境监测全流程内容,并针对具体的河流给出了地表水环境监测的案例。通过本章地表水环境监测的实验教学和案例分析,使学生学会针对一个具体的地表水环境监测任务,制定相应的监测方案。在此基础上,同学根据自己所制定的监测方案开展现场调查,确定监测点位,做好采样前的准备工作,并完成现场采样和现场检测工作(包括水温、pH和溶解氧的检测),做好水质样品的现场处理、保存和运输工作。在实验室,进行样品的分析测试,掌握滴定法和比色法等实验方法,并完成实验数据的整理分析,最后撰写实验报告。

与以往的有关地表水环境监测实验教材相比,本章的教学内容不仅含有实验室水质参数分析,更重要的是通过地表水环境监测全流程的实践过程,使学生掌握地表水环境监测的方法,并在全流程操作实践中得到训练,提高分析问题、解决问题和实际动手能力。

第 2 章

污(废)水监测

2.1 实验目的

在污(废)水监测的理论课学习基础上,通过本章实验训练,要求学生学会制定污(废)水的监测方案、污(废)水的现场布点与采样、污(废)水样品的保存、运输与分析测试,污(废)水监测报告的编制。通过本章实验,希望达到如下目的:使本专业的本科生能够学会污(废)水水质监测的各个环节,增强理论学习认识,学会综合运用所学的知识解决实际的水环境问题的能力,以及动手能力。

2.2 污(废)水监测方案的制定

本实验以污(废)水处理设施为监测对象制定污水监测方案。

2.2.1 基础资料的收集

基础资料收集内容包括:了解污(废)水处理设施所在位置、服务对象、处理工艺、处理构筑物的组成和位置、主要控制参数、处理规模和运行效果、以往水质监测记录及污(废)水处理后去向和用途。

基础资料收集的方式包括:文献资料查阅和现场实地调研。

2.2.2 监测项目的确定

(1) 对于污水监测,选择常规的监测项目通常包括:pH、悬浮物、COD、BOD_5和氨氮。

(2) 对于废水监测,除选择常规监测项目外,还要选择废水中典型污染指标作为监测项目。因所排废水的行业不同,其典型污染指标选取也不尽相同。

2.2.3 监测点位的确定

(1) 对水处理设施效率进行监测时,在污水进入处理设施的入口处和污水设施的总排放口处设置采样点。

(2) 对各污水处理单元效率进行监测时,在污水进入该处理设施单元的入口处和设施单元的排放口处设置采样点。

2.2.4 采样时间和频次的确定

我国现行的《水质 采样技术指导》(HJ 494—2009)中规定了水样的类型,根据水样的类型,表 2-1 列出了各类水样的采样方式及适用情况。

表 2-1 水样类型及其采样方式

分类	名称	采样方式	适用情况
按监测对象要求	平均混合水样	在一段时间内,每隔一定时间采集等量的水样,置于同一容器中,混合后测其平均浓度	废水流量恒定,但水质有变化的污染源
	平均比例混合水样	根据废水量大小,在一个生产周期内每隔相同时间,按比例采样,置于同一容器中,混合后测其平均浓度	废水量及水质均有变化的污染源,生活污水宜采集平均比例混合水样
	连续比例混合水样	采用自动连续采样器,按废水流量变化设定程序,使采样器按比例连续采集混合的水样	废水量和水质不稳定的污染源宜采用连续自动监测
	瞬时水样	在规定时期内随机地、一次性采集所需水样	污(废)水量与水质均较稳定的污染源
	定时水样	在一个周期内,每隔相同时间采样,且每个样单独测定	调查任何污染源在某段时间内污染物的排放情况
按分析项目	单项目水样	每个项目单独采样及测定	监测废水中非溶解性物质(如悬浮物、油类等)及在放置过程中易发生变化的参数(如溶解氧、硫化物等)
	多项目水样	多个测定项目只采集 1 份水样	具有相同保存要求的水样(如需要加入相同的保存剂并采用相同的容器等)

(1) 对于城镇污水处理厂的污水监测,取样频率至少为每 2 h 一次,取 24 h 混合样,以日均值计。

(2) 工业废水的监测按生产周期确定监测频率。生产周期在 8 h 以内的,每 2 h 采样一次;生产周期大于 8 h 的,每 4 h 采样一次。

(3) 本实验考虑到实验课的时间限制,可以取多个瞬时水样进行等体积混合。

2.2.5 样品保存和预处理

在污(废)水环境监测方案的制定时,要考虑采集的水样保存和预处理的措施。根据污(废)水的监测项目,水样的采集、容器和保存方法见表 2-2。需要注意的是,不同监测项目对水样的采样容器、保存条件、保存时效和采样量应有所不同。

表 2-2　采样容器与样品保存

项目	采样容器	保存条件	保存时效	采样量/mL	容器洗涤
pH	G,P	现场测定	12 h	250	I
悬浮物	G,P	0~4 ℃低温冷藏	14 d	500	I
COD	G	加 H_2SO_4酸化至 pH≤2,低温(2~4 ℃)冷藏	2 d	500	I
BOD_5	G,P	低温(2~4 ℃)冷藏	12 h	500	I
氨氮	G,P	加 H_2SO_4酸化至 pH≤2	24 h	250	I

注:1. G 为硬质玻璃,P 为聚乙烯瓶(桶)。

2. 洗涤方法分为Ⅰ、Ⅱ、Ⅲ、Ⅳ类,分别适用于不同的监测项目。其中:Ⅰ类为使用洗涤剂洗一次,自来水洗三次,蒸馏水一次。

2.3　现场采样与监测

2.3.1　现场采样与监测的准备

1. 实验仪器设备的准备

污(废)水采样可选用聚乙烯容器、玻璃瓶、单层采样器、泵式采水器、自动采样器等。其他采样设备包括便携式 pH 计和便携式溶解氧仪。原则上有机类监测项目选用玻璃材质,无机类监测项目可用聚乙烯容器。

2. 实验材料的准备

采样试剂和耗材,包括酸化和固定所用试剂,例如(1+1) H_2SO_4。耗材例如 pH 试纸、温度计、一次性滴管、标签纸和记号笔等。

2.3.2　现场采样和水样的处理

1. 现场采样

现场采样使用硬质玻璃、聚乙烯容器或自动采样器在采样点位直接进行采集,现场采集 3 个瞬时水样,按等比例混合作为该次监测水样。直接使用便携式 pH 计和温度计测试水样的 pH 和温度。

2. 水样的处理

(1) 测定悬浮物的样品

使用聚乙烯瓶或硬质玻璃瓶盛装水样 500 mL。样品在 0~4 ℃低温冷藏,保存时效 14 d。

(2) 测定 COD 的样品

使用硬质玻璃瓶盛装水样 500 mL,现场加(1+1) H_2SO_4酸化至 pH≤2,低温(2~4 ℃)冷藏,保存时效 2 d。

(3) 测定BOD_5的样品

使用聚乙烯瓶或硬质玻璃瓶盛装水样 500 mL,低温(2~4 ℃)冷藏,保存时效 12 h。

(4) 测定氨氮的样品

使用聚乙烯瓶或硬质玻璃瓶盛装水样 250 mL,现场加(1+1)H_2SO_4酸化至pH≤2,保存时效 24 h。

2.3.3 现场记录

现场记录包括监测对象、采样人员、采样时间、取样位置、来水类型、水量、水温、pH、处理工艺、工况负荷及处理水的去向和用途等(表 2-3),并附现场监测点位图。

表 2-3 污(废)水现场监测记录表

监测对象		采样人员		采样时间	
取样位置		污水类型		处理规模	
采样频次		样品数量		采集水量	
水温/℃		pH		溶解氧/($mg\cdot L^{-1}$)	
污水处理工艺		污水处理工况		污水处理后去向	

2.4 实验室分析

测定悬浮物、COD、BOD_5和氨氮等监测项目的水样需要带回实验室进行分析,在样品的有效期内完成测试。各监测项目的实验室分析方法如下:

2.4.1 悬浮物的测定

根据《水质　悬浮物的测定　重量法》(GB/T 11901—1989),污水中的悬浮物测定,采用重量法。

1. 实验原理

使用滤膜截留法,使水样通过孔径为 0.45 μm 的滤膜,将截留在滤膜上并于103~105 ℃烘干至恒重的固体物质称重,用该重量除以水样体积即得到悬浮物含量。

2. 仪器

(1) 全玻璃微孔滤膜过滤器。

(2) CN-CA 滤膜,孔径 0.45 μm、直径 60 mm。

(3) 吸滤瓶、真空泵。

(4) 扁嘴无齿镊子。

3. 实验步骤

(1) 滤膜准备

用扁嘴无齿镊子夹取微孔滤膜放于事先恒重的称量瓶里,移入烘箱中于 103~105 ℃烘干 0.5 h 后取出置干燥器内冷却至室温,称其质量。反复烘干、冷却、称量,直至两次称量的质量差≤0.2 mg。将恒重的微孔滤膜正确地放在滤膜过滤器的滤膜托盘上,加盖配套的漏斗,并用夹子固定好。以蒸馏水湿润滤膜,并不断吸滤。

(2) 测定

量取充分混合均匀的试样 100 mL 抽吸过滤。使水分全部通过滤膜。再以每次 10 mL 蒸馏水连续洗涤 3 次,继续吸滤以除去痕量水分。停止吸滤后,仔细取出载有悬浮物的滤膜放在已恒重的称量瓶里,移入烘箱中于 103~105 ℃下烘干 1 h 后移入干燥器中,使冷却至室温,称其质量。反复烘干、冷却、称量,直至两次称量的质量差≤0.4 mg 为止。

注:滤膜上截留过多的悬浮物可能夹带过多的水分,除延长干燥时间外,还可能造成过滤困难,遇此情况,可酌情少取试样。滤膜上悬浮物过少,则会增大称量误差影响测定精度,必要时,可增大试样体积,一般以 5~100 mg 悬浮物量作为量取试样体积的实用范围。

4. 结果计算

悬浮物含量 C(mg/L)按下式计算:

$$C = \frac{(A - B) \times 10^6}{V} \tag{2-1}$$

式中:C——水中悬浮物浓度,mg/L;

A——悬浮物+滤膜+称量瓶质量,g;

B——滤膜+称量瓶质量,g;

V——试样体积,mL。

2.4.2 化学需氧量的测定

目前测定 COD 的标准方法包括:重铬酸盐法(GB/T 11914—1989)、高氯废水化学需氧量的测定——氯气校正法(HJ/T 70—2001)、高氯废水化学需氧量的测定——碘化钾碱性高锰酸钾法(HJ/T 132—2003)、快速消解分光光度法(HJ/T 399—2007)。其中,重铬酸盐法是最常规、普遍适用的方法。快速消解法适合进行快速测定,其原理同样是在酸性重铬酸钾溶液中,以硫酸银为催化剂,电加热消解,基于重铬酸盐被还原生成的 Cr^{3+} 吸光度与 COD 值呈线性关系,比色确定待测试样的值。

此外,由于氯离子可被重铬酸钾氧化,使得测定值失实,所以氯气校正法和碘化钾碱性高锰酸钾法都是针对高氯废水化学需氧量测定的专用方法。其中，前者适用于氯离子含量小于 2 000 mg/L 的废水，后者适用于氯离子超过 2 000 mg/L的废水。

鉴于重铬酸盐法（GB/T 11914—1989）的普适性，本实验选择该方法测定 COD。

1. 实验原理

在水样中加入已知量的重铬酸钾溶液，并在强酸介质下以银盐为催化剂，经沸腾回流后，以试亚铁灵为指示剂，用硫酸亚铁铵滴定水样中未被还原的重铬酸钾。由消耗的硫酸亚铁铵的量换算成消耗的氧的质量浓度。

重铬酸盐法（GB/T 11914—1989）测定下限为 30 mg/L，使用 0.250 0 mol/L 1/6 $K_2Cr_2O_7$时测定上限为 700 mg/L。

酸性重铬酸钾氧化性很强，可氧化大部分有机物，而且在加入硫酸银作催化剂时，直链脂肪族化合物可完全被氧化，但芳香族有机物却不易被氧化，吡啶不被氧化，挥发性直链脂肪族化合物、苯等有机物存在于蒸气相，不能与氧化剂液体接触，氧化不明显。氯离子可被重铬酸盐氧化，并且能与硫酸银作用产生沉淀，影响测定结果。在回流前向水样中加入硫酸汞，使其与硫酸汞反应生成络合物以消除干扰。氯离子高于 2 000 mg/L 的样品应先作定量稀释，使含量降低至 2 000 mg/L 以下，再行测定。

2. 仪器

（1）500 mL 全玻璃回流装置。

（2）加热装置（电炉）。

（3）25 mL 或 50 mL 酸式滴定管、锥形瓶、移液管、容量瓶等。

3. 试剂

（1）重铬酸钾标准溶液［$c(1/6K_2Cr_2O_7)$ = 0.250 0 mol/L］。称取预先在 120 ℃烘干 2 h 的优级纯重铬酸钾 12.258 g 溶于水中，移入 1 000 mL 容量瓶，稀释至标线，摇匀。

（2）试亚铁灵指示剂。称取 1.458 g 邻菲啰啉（$C_{12}H_8N_2 \cdot H_2O$），0.695 g 硫酸亚铁（$FeSO_4 \cdot 7H_2O$）溶于水中，稀释至 100 mL，储存于棕色瓶内。

（3）硫酸亚铁铵标准溶液［$(NH_4)_2Fe(SO_4)_2 \cdot 6H_2O \approx 0.1$ moL/L］。称取 39.5 g 硫酸亚铁铵溶于水中，边搅拌边缓缓加入 20 mL 浓硫酸，冷却后移入 1 000 mL容量瓶中，加水稀释至标线，摇匀。临用前用重铬酸钾标准溶液标定。

标定方法：准确吸取 10.00 mL 重铬酸钾标准溶液于 500 mL 锥形瓶中，加水稀释至110 mL左右，缓慢加入 30 mL 浓硫酸，混匀。冷却后，加入 3 滴试亚铁灵指示液（约 0.15 mL），用硫酸亚铁铵溶液滴定，溶液的颜色由黄色经蓝绿色至红褐色即为终点。

$$c = \frac{0.250\ 0 \times 10.00}{V} \tag{2-2}$$

式中:c——硫酸亚铁铵标准溶液的浓度,mol/L;

V——硫酸亚铁铵标准溶液的用量,mL。

(4) 硫酸-硫酸银溶液。于 500 mL 浓硫酸中加入 5 g 硫酸银。放置 1~2 d,不时的摇动使其溶解。

(5) 硫酸汞。结晶或粉末。

4. 实验步骤

(1) 稀释操作。根据污染排放特征,参考文献或历史测定数据,基于本方法的测定范围,确定稀释倍数,并进行稀释操作。

(2) 加热回流。取 20.00 mL 混合均匀的水样(或适量水样稀释至 20.00 mL)置于 250 mL 磨口的回流锥形瓶中,准确加入 10.00 mL 重铬酸钾标准溶液及数粒小玻璃沸珠或沸石,连接磨口回流冷凝管,从冷凝管上口慢慢加入 30.00 mL 硫酸-硫酸银溶液,轻轻摇动锥形瓶使溶液混匀,加热回流 2 h(自开始沸腾计时)。冷却后用 90 mL 水冲洗冷凝管壁,取下锥形瓶。液体总体积不得少于 140 mL,否则因酸度太大,滴定终点不明显。

(3) 剩余重铬酸钾滴定。溶液再度冷却后,加 3 滴试亚铁灵指示液,用硫酸亚铁铵滴定,溶液的颜色由黄色经蓝色至红褐色即为终点,记录硫酸亚铁铵标准溶液的用量。

(4) 空白实验。测定水样的同时,取 20.00 mL 重蒸馏水,按同样的操作做空白试验。记录滴定空白时硫酸亚铁铵的标准溶液用量。

5. 结果计算

$$\mathrm{COD(mg/L)} = \frac{(V_0 - V_1) \times c \times 8 \times 1\ 000}{V} \tag{2-3}$$

式中:c——硫酸亚铁铵标准溶液的浓度,mol/L;

V_0——滴定空白时硫酸亚铁按标准溶液的用量,mL;

V_1——滴定水样时硫酸亚铁按标准溶液的用量,mL;

V——水样的体积,mL;

8——氧(1/2O)摩尔质量,g/mol。

6. 注意事项

使用 0.4 g 硫酸汞络合氯离子的最高量可达 40 mg,如果用 20.00 mL 水样,即最高可络合 2 000 mg/L 氯离子浓度的水样。若氯离子的浓度较低,也可少加硫酸汞,使保持硫酸汞∶氯离子=10∶1(W/W)。若出现少量氯化汞沉淀,并不影响测定。

水样取用体积可在 10.00~50.00 mL 范围内,但试剂用量及浓度需要按表 2-4进行相应调整,也可以得到满意结果。

表 2-4　水样取用量和试剂用量表

水样体积/mL	0.250 0 mol/L K_2CrO_7溶液/mL	H_2SO_4-Ag_2SO_4溶液/mL	H_2SO_4质量/g	$(NH_4)_2Fe(SO_4)_2$浓度/$(mol\cdot L^{-1})$	滴定前总体积/mL
10.0	5.0	15	0.2	0.050	70
20.0	10.0	30	0.4	0.100	140
30.0	15.0	45	0.6	0.150	210
40.0	20.0	60	0.8	0.200	280
50.0	25.0	75	1.0	0.250	350

对化学需氧量高的废水样,可先取上述操作所需体积 1/10 的水样和试剂于 15×150 mm 硬质玻璃管中,摇匀,加热后观察是否呈绿色,如果溶液呈绿色,应适当减少废水取样量,直至溶液不变绿色为止,从而确定废水样分析时应取用的体积。如果初始加入重铬酸钾,溶液不变绿,而在加热回流过程中,溶液变绿,表明稀释倍数偏小,需加大稀释倍数,再次操作。

稀释时,所取废水样量不得少于 5 mL,如果化学需氧量很高,则废水样需多次稀释。

对于化学需氧量小于 50 mg/L 的水样,应改用 0.025 0 mol/L 重铬酸钾标准溶液。回滴时用 0.01 mol/L 硫酸亚铁铵标准溶液。

水样加热回流后,溶液中重铬酸钾剩余量应为加入量的 1/5~4/5 为宜。

用邻苯二甲酸氢钾标准溶液检查试剂的质量和操作技术时,由于每克邻苯二甲酸氢钾的理论 COD 为 1.176 g,所以溶解 0.425 1 g 邻苯二甲酸氢钾($HOOCC_6H_4COOK$)于重蒸馏水中,转入 1 000 mL 容量瓶,用重蒸馏水稀释至标线,使之成为 500 mg/L 的 COD 标准溶液。用时新配。

COD 的测定结果应保留三位有效数字。

每次实验时,应对硫酸亚铁铵标准滴定溶液进行标定,室温较高时尤其注意其浓度的变化。

2.4.3　生化需氧量的测定

目前测定 BOD_5的标准方法包括稀释与接种法(HJ 505—2009)和微生物传感器快速测定法(HJ/T 86—2002),前者便于实施,不需要购置专用设备;后者在微生物代谢水样时,使用溶解氧电极测定样品室内溶解氧浓度的变化,基于 BOD_5值与溶解氧电极输出电流的线性关系定量水样的值,具有快速测定模式,可以在数小时内获得结果,而稀释与接种法需要培养 5 d。

鉴于稀释与接种法具有可靠性高、仪器投入少、便于实施等优点,本实验以稀释与接种法为例测定 BOD_5。

1. 实验原理

生化需氧量是指在规定的条件下,微生物分解水中的某些可氧化的物质,特别是分解有机物的生物化学过程消耗的溶解氧。通常情况下是指水样充满完全密闭的溶解氧瓶后,在(20±1)℃的暗处培养 5 d±4 h,分别测定培养前后水样中溶解氧的质量浓度,由培养前后溶解氧的质量浓度之差,计算每升样品消耗的溶解氧量,以 BOD_5形式表示。

本实验采用稀释与接种法测定污水的 BOD_5。该方法也称为五天培养法(BOD_5),即取一定量水样或稀释水样,在(20±1)℃培养 5 d,分别测定水样培养前、后的溶解氧,两者之差为 BOD_5值,以氧的质量浓度(mg/L)表示。

若样品中的有机物含量较多,BOD_5质量浓度大于 6 mg/L,样品需稀释后测定;对于不含或含微生物较少的工业废水,如酸性废水、碱性废水、高温废水、经氯化后待处理的废水等,在测定 BOD_5时应当接种,以便引入能分解废(污)水中有机物的微生物。当废水中存在难以被一般生活污水中的微生物以正常速率降解的有机物或剧毒物质时,应将驯化后的微生物引入水样接种。若样品直接进行稀释后测定,称为稀释法;若样品稀释且接种测定,称为稀释与接种法。

稀释和稀释与接种法的测定上限为 6 000 mg/L,这两类方法的检出限均为 0.5 mg/L,测定下限均为 2 mg/L。

2. 仪器

(1) 恒温培养箱。

(2) 5~20 L 细口玻璃瓶。

(3) 1 000~2 000 mL 量筒。

(4) 玻璃搅拌棒。棒长应比所用量筒高度长 200 mm,棒的底端固定一个直径比量筒直径略小,并有几个小孔的硬橡胶板。

(5) 溶解氧瓶。200~300 mL,带有磨口玻璃塞,并具有供水封用的钟形口。

(6) 虹吸管。供分取水样和添加稀释水用。

3. 试剂

(1) 磷酸盐缓冲溶液。将 8.5 g 磷酸二氢钾(KH_2PO_4),21.8 g 磷酸氢二钾(K_2HPO_4),33.4 g 七水合磷酸氢二钠($Na_2HPO_4 \cdot 7H_2O$)和 1.7 g 氯化铵(NH_4Cl)溶于水中,稀释至 1 000 mL。此溶液的 pH 应为 7.2。

(2) 11.0 g/L 硫酸镁溶液。将 22.5 g 七水合硫酸镁($MgSO_4 \cdot 7H_2O$)溶于水中,稀释至 1 000 mL。

(3) 27.6 g/L 氯化钙溶液。将 27.6 g 无水氯化钙($CaCl_2$)溶于水,稀释至1 000 mL。

(4) 0.15 g/L 氯化铁溶液。将 0.25 g 六水合氯化铁($FeCl_3 \cdot 6H_2O$)溶于水,稀释至 1 000 mL。

(5) 0.5 mol/L 盐酸溶液。将 40 mL 浓盐酸($\rho = 1.18$ g/mL)溶于水,稀释至1 000 mL。

(6) 0.5 mol/L 氢氧化钠溶液。将 20 g 氢氧化钠溶于水,稀释至 1 000 mL。

(7) 亚硫酸钠溶液[$c(1/2Na_2SO_3) = 0.025$ mol/L]。将 1.575 g 亚硫酸钠溶于水,稀释至 1 000 mL。此溶液不稳定,需现用现配。

(8) 葡萄糖-谷氨酸标准溶液。将优级纯葡萄糖($C_6H_{12}O_6$)和优级纯谷氨酸($HOOC—CH_2—CH_2—CHNH_2—COOH$)在 130 ℃ 干燥 1 h 后,各称取 150 mg 溶于水中,移入 1 000 mL 容量瓶内并稀释至标线,混合均匀。此标准溶液临用前配制。

(9) 稀释水。在 5~20 L 玻璃瓶内装入一定量的水,控制水温在 20 ℃左右。然后用无油空气压缩机或薄膜泵,将此水曝气 2~8 h,使水中的溶解氧接近饱和,也可以鼓入适量纯氧。瓶口盖以两层经洗涤晾干的纱布,置于 20 ℃培养箱中放置数小时,使水中溶解氧含量达 8 mg/L 以上。临用前于每升水中加入以上配制的氯化钙溶液、氯化铁溶液、硫酸镁溶液、磷酸盐缓冲溶液各 1 mL,并混合均匀。稀释水的 pH 应为 7.2,其 BOD_5 应小于 0.2 mg/L。

(10) 接种液。可选用以下任一方法获得适用的接种液。

① 城市污水,一般采用生活污水,在室温下放置一昼夜,取上层清液供用。

② 表层土壤浸出液,取 100 g 花园土壤或植物生长土壤,加入 1 L 水,混合并静置 10 min,取上清溶液供用。

③ 含城市污水的河水或湖水。

④ 污水处理厂的出水。

⑤ 当分析含有难于降解物质的废水时,在排污口下游 3~8 km 处取水样作为废水的驯化接种液。如无此种水源,可取中和或经适当稀释后的废水进行连续曝气,每天加入少量该种废水,同时加入适量表层土壤或生活污水,使能适应该种废水的微生物大量繁殖。当水中出现大量絮状物,或检查其化学需氧量的降低值出现突变时,表明适用的微生物已进行繁殖,可用做接种液。一般驯化过程需要 3~8 d。

接种液的加入量为每升稀释水中加入:生活污水 1~10 mL;接种稀释水的 pH 应为 7.2,BOD_5 以在 0.3~1.0 mg/L 之间为宜。接种稀释水配制后应立即使用。

4. 实验步骤

(1) 确定待测水样的稀释倍数

基于《水质　五日生化需氧量(BOD_5)的测定　稀释与接种法》(HJ 505—

2009)的规定,稀释倍数可根据样品的总有机碳(TOC)、高锰酸盐指数(I_{Mn})或化学需氧量(COD_{Cr})的测定值,按照表 2-5 列出的 BOD_5与总有机碳(TOC)、高锰酸盐指数(I_{Mn})或化学需氧量(COD_{Cr})的比值 R(R 与样品的类型有关)和公式(2-4)估算 BOD_5的期望值 ρ,再根据表 1-6 确定稀释因子。当不能准确地选择稀释倍数时,一个样品需做 2~3 个不同的稀释倍数。

表 2-5　典型的比值 R

水样的类型	总有机碳 R (BOD_5/TOC)	高锰酸盐指数 R (BOD_5/I_{Mn})	化学需氧量 R (BOD_5/COD_{Cr})
未处理的污(废)水	1.2~2.8	1.2~1.5	0.35~0.65
生化处理的污(废)水	0.3~1.0	0.5~1.2	0.20~0.35

由表 2-5 选择适当的 R 值,按照公式(1-4)计算 BOD_5的期望值 ρ:

$$\rho = R \times Y \tag{2-4}$$

式中:ρ——BOD_5的期望值,mg/L;

Y——TOC、I_{Mn}或 COD_{Cr}的值,mg/L。

由估算出的 BOD_5期望值 ρ,按表 2-6 确定样品的稀释倍数。

表 2-6　BOD_5测定的稀释倍数

BOD_5的期望值/($mg \cdot L^{-1}$)	稀释倍数	水样类型
6~12	2	河水,生物净化的城市污水
10~30	5	河水,生物净化的城市污水
20~60	10	生物净化的城市污水
40~120	20	澄清的城市污水或轻度污染的工业废水
100~300	50	轻度污染的工业废水或原城市污水
200~600	100	轻度污染的工业废水或原城市污水
400~1 200	200	重度污染的工业废水或原城市污水
1 000~3 000	500	重度污染的工业废水
2 000~6 000	1 000	重度污染的工业废水

此外,污(废)水 BOD_5测定的稀释倍数还可以用重铬酸钾法测得的 COD_{Cr}值单独来确定。通常需设 3 个稀释比,使用稀释水时,由 COD_{Cr}值分别乘以系数 0.075, 0.15 和 0.225,即获得 BOD_5的 3 个稀释倍数;使用接种稀释水时,则分别

乘以 0.075, 0.15 和 0.25,即获得 BOD_5的 3 个稀释倍数。

(2) 水样的测定

不经稀释水样测定包括两种方法:非稀释法和非稀释与接种法。如样品中的有机物含量较少,BOD_5的质量浓度不大于6 mg/L,且样品中有足够的微生物,用非稀释法测定。若样品中的有机物含量较少,BOD_5的质量浓度不大于6 mg/L,但样品中无足够的微生物,如酸性废水、碱性废水、高温废水、冷冻保存的废水或经过氯化处理等的废水,采用非稀释接种法测定。

需经稀释水样测定包括两种方法:稀释法和稀释与接种法。若试样中的有机物含量较多,BOD_5的质量浓度大于6 mg/L,且样品中有足够的微生物,采用稀释法测定;若试样中的有机物含量较多,BOD_5的质量浓度大于6 mg/L,但试样中无足够的微生物,采用稀释与接种法测定。

① 非稀释法

直接用虹吸法将约 20 ℃的混匀水样转移至两个溶解氧瓶内,转移过程中应注意不产生气泡。以同样的操作使两个溶解氧瓶充满水样后溢出少许,加塞水封。瓶内不应有气泡。立即测定其中一瓶的溶解氧,将另一瓶放入培养箱中,在(20±1) ℃条件下培养 5 d 后,测其溶解氧。

② 非稀释与接种法

向每升水样中加入接种液(城市生活污水和污水处理厂出水加 1~10 mL,河水或湖水加 10~100 mL)。在已知两个容积相同(其差小于 1 mL)的溶解氧瓶内,用虹吸法加入含有接种液的水样。其中一瓶立即使用碘量法测定溶解氧,另一瓶在(20±1) ℃条件下,在培养箱里培养 5 d 后,使用碘量法测定其溶解氧。

按照国标方法的规定,每升稀释水中加入与试样中相同量的接种液(10)作为空白试样,其中一瓶立即使用碘量法测定溶解氧,另外一瓶在(20±1) ℃条件下,在培养箱里培养 5 d 后,使用碘量法测定其溶解氧。

③ 稀释法

a. 水样稀释:按照选定的稀释比例,用虹吸法沿筒壁先引入部分稀释水于1 000 mL量筒中,用移液管准确加入根据稀释倍数计算得到的均匀水样,再引入稀释水至 1 000 mL 刻度,用带胶板(有孔)的玻璃棒小心上下搅匀。搅拌时勿使搅棒的胶板露出水面,防止产生气泡、二次充氧。

直接以稀释水(9)作为空白试样。

b. 溶解氧瓶分装:在已知两个容积相同(其差小于 1 mL)的溶解氧瓶内,用虹吸法加入含有污水样并已稀释接种、搅拌均匀的水样。其中一瓶立即使用碘量法测定溶解氧,另外一瓶在(20±1) ℃条件下,在培养箱里培养 5 d 后,使用碘量法测定其溶解氧。针对前面确定的 3 个稀释倍数,准备这 3 个稀释倍数下的样品并测定,获得 3 个稀释倍数培养 5 d 前、后的溶解氧。

空白水样直接分装。

c. 碘量法测定溶解氧:使用碘量法测定 5 d 前后溶解氧瓶中的溶解氧,具体方法见第 1 章溶解氧的测定。

④ 稀释与接种法

a. 水样稀释与接种:按照选定的稀释比例,用虹吸法沿筒壁先引入部分稀释水于 1 000 mL 量筒中,然后加入 10 mL 接种液,用移液管准确加入根据稀释倍数计算得到的均匀水样,再引入稀释水至 1 000 mL 刻度,用带胶板(有孔)的玻璃棒小心上下搅匀。搅拌时勿使搅棒的胶板露出水面,防止产生气泡、二次充氧。

每升稀释水中加入与试样中相同量的接种液(10)作为空白试样。

b. 溶解氧瓶分装:步骤同稀释法。

c. 碘量法测定溶解氧:步骤同稀释法。

5. 结果计算

采用 4 种不同测试方法时水样 BOD_5 的计算结果如下:

(1) 非稀释法水样 BOD_5 计算公式

$$\rho=\rho_1-\rho_2 \tag{2-5}$$

式中:ρ——五日生化需氧量质量浓度,mg/L;

ρ_1——水样在培养前的溶解氧质量浓度,mg/L;

ρ_2——水样在培养后的溶解氧质量浓度,mg/L。

(2) 非稀释与接种法水样 BOD_5 计算公式

$$\rho=(\rho_1-\rho_2)-(\rho_3-\rho_4) \tag{2-6}$$

式中:ρ——五日生化需氧量质量浓度,mg/L;

ρ_1——接种水样在培养前的溶解氧质量浓度,mg/L;

ρ_2——接种水样在培养后的溶解氧质量浓度,mg/L;

ρ_3——空白样在培养前的溶解氧质量浓度,mg/L;

ρ_4——空白样在培养后的溶解氧质量浓度,mg/L。

(3) 稀释法水样 BOD_5 的计算公式

$$\rho=\frac{(\rho_1-\rho_2)-(\rho_3-\rho_4)f_1}{f_2} \tag{2-7}$$

式中:ρ——五日生化需氧量质量浓度,mg/L;

ρ_1——稀释水样在培养前的溶解氧质量浓度,mg/L;

ρ_2——稀释水样在培养后的溶解氧质量浓度,mg/L;

ρ_3——空白样在培养前的溶解氧质量浓度,mg/L;

ρ_4——空白样在培养后的溶解氧质量浓度,mg/L;

f_1——稀释水在培养液中所占的比例;

f_2——原样品在培养液中所占的比例。

(4) 稀释与接种法水样 BOD_5的计算公式

$$\rho = \frac{(\rho_1 - \rho_2) - (\rho_3 - \rho_4) f_1}{f_2} \tag{2-8}$$

式中:ρ——五日生化需氧量质量浓度,mg/L;

ρ_1——接种稀释水样在培养前的溶解氧质量浓度,mg/L;

ρ_2——接种稀释水样在培养后的溶解氧质量浓度,mg/L;

ρ_3——空白样在培养前的溶解氧质量浓度,mg/L;

ρ_4——空白样在培养后的溶解氧质量浓度,mg/L;

f_1——接种稀释水在培养液中所占的比例;

f_2——原样品在培养液中所占的比例。

2.4.4 水中氨氮的测定

目前,测定氨氮的标准方法包括:蒸馏-中和滴定法(HJ 537—2009),水杨酸分光光度法(HJ 536—2009)和纳氏试剂分光光度法(HJ 535—2009)。其中蒸馏-中和滴定法适用于高浓度氨氮废水的测定,例如,养殖场废水、屠宰废水、味精废水。水杨酸法和纳氏试剂法适用于含有较低浓度氨氮的地下水、地表水、生活污水和工业废水中氨氮的测定。水杨酸法当取样体积为 8.0 mL,使用10 mm 比色皿时,检出限为 0.01 mg/L,测定下限为 0.04 mg/L,测定上限1.0 mg/L(以 N 计)。纳氏试剂法水样体积为 50 mL,使用 20 mm 比色皿时,检出限为 0.025 mg/L,测定下限为 0.10 mg/L,测定上限为 2.0 mg/L(以 N 计)。由于纳氏试剂法要使用剧毒的 HgI_2,而有毒药品的采购和保存管理严格,所以使用检测限相同的水杨酸法有着明显的优势。对于污水中氨氮的测定,本实验推荐使用水杨酸分光光度法。

1. 实验原理

在碱性介质(pH = 11.7)和亚硝基铁氰化钠存在条件下,水中的氨、铵离子与水杨酸盐和次氯酸离子反应生成蓝色化合物,在 697 nm 处用分光光度计测量吸光度。

苯胺和乙醇胺产生的严重干扰不多见,干扰通常由伯胺产生。氯胺,过高的酸度、碱度以及含有使次氯酸根离子还原的物质时也会产生干扰。

如果水样的颜色过深、含盐量过多,酒石酸钾盐对水样中的金属离子掩蔽能力不够,或水样中存在高浓度的钙、镁和氯化物时,需要预蒸馏。

2. 仪器

(1) 可见分光光度计,10~30 mm 比色皿。

(2) 滴瓶。其滴管滴出液 20 滴相当于 1 mL。

(3) 氨氮蒸馏装置。由 500 mL 凯式烧瓶、氮球、直形冷凝管和导管组成,冷凝管末端可连接一段适当长度的滴管,使出口尖端浸入吸收液液面下。亦可使用蒸馏烧瓶。

(4) 实验室常用玻璃器皿。所有玻璃器皿均应用清洗溶液仔细清洗,然后用水冲洗干净。

3. 试剂

(1) 无氨水,在无氨环境中用下述方法之一制备。

① 离子交换法:蒸馏水通过强酸性阳离子交换树脂(氢型)柱,将流出液收集在带有磨口玻璃塞的玻璃瓶内。每升流出液加 10 g 同样的树脂,以利于保存。

② 蒸馏法:在 1 000 mL 的蒸馏水中,加 0.10 mL 硫酸,在全玻璃蒸馏器中重蒸馏,弃去前 50 mL 馏出液,然后将约 800 mL 馏出液收集在带有磨口玻璃塞的玻璃瓶内。每升馏出液加 10 g 强酸性阳离子交换树脂(氢型)。

③ 纯水器法用市售纯水器临用前制备。

(2) 乙醇。ρ=0.79 g/mL。

(3) 硫酸。$\rho(H_2SO_4)$= 1.84 g/mL。

(4) 轻质氧化镁(MgO)。不含碳酸盐,在 500 ℃下加热氧化镁,以除去碳酸盐。

(5) 硫酸吸收液。$c(H_2SO_4)$= 0.01 mol/L。量取 7.0 mL 硫酸加入水中,稀释至 250 mL。临用前取 10 mL,稀释至 500 mL。

(6) 氢氧化钠溶液。$c(NaOH)$= 2 mol/L。称取 8 g 氢氧化钠溶于水中,稀释至 100 mL。

(7) 显色剂(水杨酸-酒石酸钾钠溶液)。称取 50 g 水杨酸[$C_6H_4(OH)COOH$],加入约 100 mL 水,再加入 160 mL 氢氧化钠溶液,搅拌使之完全溶解;再称取 50 g 酒石酸钾钠($KNaC_4H_6O_6·4H_2O$),溶于水中,与上述溶液合并移入 1 000 mL 容量瓶中,加水稀释至标线。储存于加橡胶塞的棕色玻璃瓶中,此溶液可稳定 1 个月。

(8) 次氯酸钠使用液。ρ(有效氯)= 3.5 g/L,c(游离碱)= 0.75 mol/L。取经标定的次氯酸钠,用水和氢氧化钠溶液稀释成含有效氯浓度 3.5 g/L,游离碱浓度 0.75 mol/L(以 NaOH 计)的次氯酸钠使用液,存放于棕色滴瓶内,本试剂可稳定 1 个月。

(9) 亚硝基铁氰化钠溶液。ρ = 10 g/L。称取 0.1 g 亚硝基铁氰化钠{$Na_2[Fe(CN)_5NO]·2H_2O$}置于 10 mL 具塞比色管中,加水至标线。本试剂可稳定 1 个月。

(10) 清洗溶液。将 100 g 氢氧化钾溶于 100 mL 水中,溶液冷却后加 900 mL 乙醇,储存于聚乙烯瓶内。

(11) 溴百里酚蓝指示剂(bromthymol blue)。ρ=0.5 g/L。称取 0.05 g 溴百里酚蓝溶于 50 mL 水中,加入 10 mL 乙醇,用水稀释至 100 mL。

(12) 氨氮标准储备液。ρ_N=1 000 μg/mL。称取 3.819 0 g 氯化铵(NH_4Cl,优级纯,在 100~105 ℃干燥 2 h)于水中,移入 1 000 mL 容量瓶中,稀释至标线。此溶液可稳定 1 个月。

(13) 氨氮标准中间液。ρ_N=100 μg/mL。吸取 10.00 mL 氨氮标准储备液于 100 mL 容量瓶中,稀释至标线。此溶液可稳定 1 周。

(14) 氨氮标准使用液。ρ_N=1 μg/mL。吸取 10.00 mL 氨氮标准中间液于 1 000 mL容量瓶中,稀释至标线。临用现配。

4. 实验步骤

(1) 水样蒸馏。将 50 mL 硫酸吸收液移入接收瓶内,确保冷凝管出口在硫酸溶液液面之下。分取 250 mL 水样(如氨氮含量高,可适当少取,加水至 250 mL)移入凯氏烧瓶中,加几滴溴百里酚蓝指示剂。必要时,用氢氧化钠溶液或硫酸溶液调整 pH 至 6.0(指示剂呈黄色)~7.4(指示剂呈蓝色)。

加入 0.25 g 轻质氧化镁及数粒玻璃珠,立即连接氮球和冷凝管。加热蒸馏,使馏出液速率约为 10 mL/min,待馏出液达 200 mL 时,停止蒸馏,加水定容至 250 mL。

(2) 绘制校准曲线。用 10 mm 比色皿测定时,按表 2-7 制备标准系列。

表 2-7 标准系列(10 mm 比色皿)

管号	0	1	2	3	4	5
标准溶液/mL	0.00	1.00	2.00	4.00	6.00	8.00
氨氮含量/μg	0.00	1.00	2.00	4.00	6.00	8.00

用 30 mm 比色皿测定时,按表 2-8 制备标准系列。

表 2-8 标准系列(30 mm 比色皿)

管号	0	1	2	3	4	5
标准溶液/mL	0.00	0.40	0.80	1.20	1.60	2.00
氨氮含量/μg	0.00	0.40	0.80	1.20	1.60	2.00

根据表 2-7 或表 2-8,取 6 支 10 mL 比色管,分别加入上述氨氮标准使用液并用水稀释至 8.00 mL,加入 1.00 mL 显色剂和两滴亚硝基铁氰化钠溶液混匀。

再滴入两滴次氯酸钠使用液并混匀,加水稀释至标线,充分混匀。显色 60 min 后,在 697 nm 波长处,用 10 mm 或 30 mm 比色皿,以水为参比测量吸光度。

(3) 样品测定。取水样或经过预蒸馏的试样 8.00 mL(当水样中氨氮质量浓度高于 1.0 mg/L 时,可适当稀释后取样)于 10 mL 比色管中。加入 1.00 mL 显色剂和两滴亚硝基铁氰化钠混匀。再滴入两滴次氯酸钠使用液并混匀,加水稀释至标线,充分混匀。采用和标准曲线绘制相同的程序显色、测定吸光度。

(4) 空白试验。以水代替水样,按与样品分析相同的步骤进行预处理和测定。

5. 结果计算

水中氨氮的浓度按下式(2-9)计算:

$$\rho_{\mathrm{N}} = \frac{A_{\mathrm{s}} - A_{\mathrm{b}} - a}{b \times V} \times D \tag{2-9}$$

式中:ρ_{N}——水样中氨氮的质量浓度(以 N 计),mg/L;

A_{s}——水样的吸光度;

A_{b}——空白试验的吸光度;

a——校准曲线的截距;

b——校准曲线的斜率;

V——所取试样的体积,mL;

D——水样的稀释倍数。

2.5　污(废)水监测实验报告的编制

污(废)水监测实验报告包括如下主要内容:

(1) 污(废)水水质监测实验方案。包括基础资料收集、监测项目、监测点位、采样时间、样品保存和预处理方案。

(2) 现场采样。包括实验材料与仪器、现场采样和处理、现场记录。

(3) 实验室分析。包括具体监测项目的测试分析。

(4) 污(废)水监测结果分析及结论。

2.6　污(废)水监测质量保证措施

现场监测的质量保证措施包括设计科学、合理的监测方案,除采集瞬时水样外,也可以采集等比混合水样。样品现场处理和保存需要严格按照监测方案执行。

(1) 实验室分析的质量保证措施针对空白样测试,平行样品的测试和标准曲线的使用。

(2) 注意监测方法的检出限,监测上限和下限,精确度标示方法,数字修约。

(3) 具体的监测项目测试需要保证。测定 COD 时要保证温度、酸度、消解时间严格按照重铬酸盐法中规定的要求完成;测定 BOD_5时,在 2 个或 3 个稀释比的样品中,计入结果的有效样品要求消耗溶解氧大于 2 mg/L 和剩余溶解氧大于 1 mg/L,计算时取平均值。

2.7 思考题

(1) 请针对实验课开展的监测活动,说明样品的储存、运输、分析和处理环节都需要做什么工作。

(2) 请指出 COD、BOD_5和氨氮已公布的几种标准分析方法的异同及适用的监测对象。

(3) 对于污水水质监测,为什么我国目前只注重监测氨氮,而不监测总氮、硝酸盐氮、亚硝酸盐氮等?

(4) BOD 的测定为何只测定 BOD_5?

(5) 对于工业废水排放监测,监测项目分为第Ⅰ类和第Ⅱ类监测指标,说明这两类监测指标的采样点位置有何不同。

2.8 案例——某大学校园污水处理站污水监测

2.8.1 监测方案的制定

1. 基础资料的收集

本实验针对本章污水及废水水环境监测部分实验所设计,监测对象以某大学校园污水处理站为例。该污水处理站主要用于处理校园内宿舍楼和澡堂生活污水,其处理工艺为生物膜 A/O 一体化工艺,其日处理量约 200 m^3,来水 COD 为 150~300 mg/L,氨氮 40~80 mg/L。通常情况下 COD 的处理效率可达60%~70%,污水处理后主要用于校园绿化。

现场的生物膜 A/O 一体化污水处理工艺图见图 2-1,现场处理设施图见图 2-2。

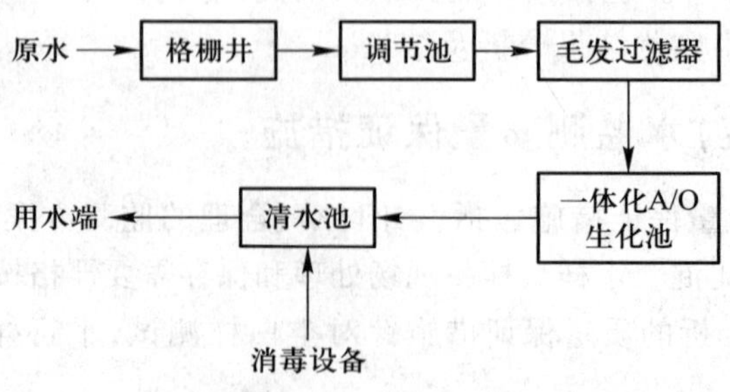

图 2-1 现场的污水处理工艺

图 2-2　生物膜 A/O 一体化污水处理设施

2. 监测项目

由于该校园污水处理站处理的对象主要是生活污水，据此确定水质监测项目包括 pH、悬浮物、COD、BOD_5和氨氮，见表 2-9。

表 2-9　常规监测项目及分析方法

序号	常规监测项目	测定方法	方法来源
1	pH	pH 计	
2	悬浮物	重量法	GB 11901—1989
3	化学需氧量	重铬酸盐法	GB 11914—1989
4	生化需氧量	稀释与接种法	HJ 505—2009
5	氨氮	水杨酸法	HJ 536—2009

3. 监测点位

对该校园污水处理站整体污水处理设施效率进行监测，分别在污水处理设施污水的进水口和污水设施的出水口两处设置采样点。

4. 采样时间

因实验课学时限制，采集单次瞬时水样。采样时间为校园污水处理站水质水量较为稳定的中午时段。

5. 样品的预处理和保存

水样的预处理和保存方法见表 2-2。测定 COD 和氨氮的水样用玻璃瓶盛装，现场用 H_2SO_4酸化至 pH≤2，置于冷藏保温箱中上覆冰袋 2～4 ℃冷藏；测定悬浮物和 BOD_5的水样用玻璃瓶盛装，2～4 ℃冷藏。

6. 现场采样材料与仪器

现场采样材料与仪器见本章 2.3.1。

2.8.2 现场采样与监测

1. 现场调查

现场调查的信息包括监测对象、采样人员、采样时间、气象条件、来水类型、水量、以往监测的水质、处理工艺、工况负荷及处理后水的去向和用途等，调查内容填入表 2-10，并附现场监测点位图。

2. 现场采样和水样的处理

在污水站格栅井前和清水池采集样品，按照监测方案中对样品现场处理的要求（见表 2-2）进行样品酸化和保存，现场测定水样 pH 和水温。

3. 现场记录

要做好现场记录，现场调查和详细记录包括监测对象、采样人员、采样时间、气象条件、来水类型、水量、以往监测的水质、处理工艺、工况负荷及处理后水的去向和用途等（见表 2-10），并附现场监测点位图。

表 2-10 废水监测基本信息登记表

监测对象	大学校园污水处理站	采样人员	环境 2011 级第 6 组	采样时间	2013-09-15
取样位置	格栅井前、清水池	污水类型	生活杂用水	处理规模/($m^3 \cdot d^{-1}$)	195
采样频次	单次瞬时水样	样品数量	4 瓶	采集水量/mL	1 750
水温/℃	20	pH	6.3	溶解氧/($mg \cdot L^{-1}$)	
污水处理工艺	如图 2-1	污水处理工况	工艺运行稳定	污水处理后去向	绿地浇灌

2.8.3 实验室分析

在实验室内测定水样悬浮物、COD、BOD_5和氨氮，测试方法见表 2-9。

2.8.4 校园污水处理站监测实验报告的编制

(1) 校园污水处理站监测方案。包括：① 基础资料的收集；② 监测项目的确定；③ 监测点位的确定；④ 采样时间和频次的确定；⑤ 样品保存和预处理方案等 5 个部分。每个部分具体要求见本章 2.2。

(2) 现场采样,包括:① 实验材料与仪器,如采样设备、样品容器、采样试剂和耗材等;② 现场采样和处理;③ 现场记录等内容。具体要求见本章 2.3。

(3) 实验室分析。包括具体监测项目的测试分析,分析方法参见表 2-9。

(4) 污(废)水监测结果分析及结论。污水处理站实际监测结果见表 2-11。

表 2-11　污水处理站进出水监测结果

监测项目	水质			
	格栅井前	清水池	处理效率/%	标准
pH	6.3	7.7		6.0~9.0①
悬浮物/($mg·L^{-1}$)	30.4	8.1	73.4	—
COD/($mg·L^{-1}$)	215.1	67.3	68.7	—
BOD_5/($mg·L^{-1}$)	135.6	18.7	86.2	20①
氨氮/($mg·L^{-1}$)	79.9	12.1	84.9	20①

①《城市污水再生利用　城市杂用水水质》(GB/T 18920—2002)对于城市绿化用途的规定。

由对校园污水处理站污水 5 项指标的监测结果可以看出,校园污水处理站的出水水质达到了《城市污水再生利用　城市杂用水水质》(GB/T 18920—2002)标准,可用于对树木和绿地的浇灌。

但是,需要说明的是,《城市污水再生利用　城市杂用水水质》(GB/T 18920—2002)标准中除以上 5 项监测指标外,还包括阴离子表面活性剂、总余氯及总大肠菌群数量等多项指标,在实际运用中还需要对上述指标进行监测。

2.9　本章小结

本章包括污(废)水监测方案的制定、现场采样与监测、实验室分析、污(废)水监测实验报告的编制等内容,并以某污水处理站水质监测为例详细说明了污(废)水监测实验的具体流程。

在污(废)水环境监测方案制定部分,从具体的基础资料收集、监测项目确定、监测点位确定、采样时间和频次确定、样品保存和预处理等具体内容给出了制定方案的方法,同时体现了监测方案制定对污(废)水环境监测的重要性。

在现场采样与监测环节,给出了去现场前具体需要准备的实验仪器和材料,同时给出了现场样品采集的具体方法和样品预处理保存方法。

在实验室分析环节,为了准确测定污(废)水中的 COD 和氨氮浓度,需要根据污(废)水的来源估算它们的浓度范围,以确定污(废)水样品的合适稀释倍数。特别是氨氮的测定,目前颁布的四种国标方法对样品的前处理要求和适用范围明显不同,需要辨析使用。污(废)水中 BOD_5浓度的测定通常是基于 COD 的浓度值确定其稀释倍数,并根据其可生化性来确定是否需要接种。

第 3 章

环境空气质量监测

3.1 实验目的

在环境空气质量监测理论课学习基础上,通过本实验,希望达到如下目的:学会制定环境空气质量监测方案,并能完成环境空气质量现场监测和实验室内相关指标的测试。经过本实验训练,使本科生能够相对独立地完成环境空气质量监测任务,提高综合运用知识、解决问题以及动手能力。

3.2 环境空气质量监测方案的制定

3.2.1 基础资料的收集

(1) 污染源分布及排放。调查监测区域内污染源类型、数量、位置、排放的主要污染物种类及排放量。掌握主要污染物的产生、转化和迁移等基本规律。

(2) 气象资料。收集监测区域的风向、风速、气温、气压、降水量、日照时间、相对湿度、温度垂直梯度和逆温层等多种气象资料。

(3) 地形资料。了解监测区域的地形条件,判断污染物扩散情况和迁移方向。

(4) 功能分区情况。监测区域内功能分区是设置监测点应考虑的重要因素之一。不同功能区的环境空气质量标准的要求是不一样的,如工业区、商业区、混合区、居民区等。

(5) 人口分布和人群健康情况。掌握监测区域的人口分布、居民和动植物受空气污染危害情况等资料。

3.2.2 监测项目的确定

空气中的污染物质多种多样,应根据监测空间范围内实际情况和优先监测原则确定监测项目,并同步观测有关气象参数。我国目前《环境空气质量标准》(GB 3095—2012)中规定了环境空气污染物基本项目和其他项目(表 3-1)。

表 3-1 环境空气污染物基本项目和其他项目

类别	基本项目	其他项目
环境空气质量监测	SO_2、NO_2、CO、O_3、PM_{10}、$PM_{2.5}$	TSP、NO_x、Pb、B(a)P

由于实验教学课时的限制，本实验建议重点选择 SO_2、NO_2 和 PM_{10} 等项目进行环境空气质量监测。

3.2.3 监测点位的确定

环境空气质量监测对于不同区域，监测点位布设方法不尽相同。本实验是按照功能区布点的方法进行监测。按功能区划分布点法多用于区域性常规监测。先将监测区域划分为工业区、商业区、居住区、工业和居住混合区、交通稠密区、清洁区等，再根据具体污染情况和人力、物力条件，在各功能区设置一定数量的采样点。各功能区的采样点数不要求一样，在污染源集中的工业区和人口较密集的居住区多设采样点。

3.2.4 采样时间和频率的确定

采样频率指在一个时间段内的采样次数；采样时间指每次采样从开始到结束所经历的时间。二者要根据监测目的、污染物分布特征、分析方法灵敏度等因素确定。表 3-2 给出了《环境空气质量标准》(GB 3095—2012)中环境空气污染物基本项目的采样频率、时间和浓度限值。

表 3-2 环境空气污染物基本项目采样频率、时间和浓度限值

单位：μg/m^3

序号	污染物项目	平均时间	浓度限值	
			一级	二级
1	SO_2	年平均	20	60
		24 h 平均	50	150
		1 h 平均	150	500
2	NO_2	年平均	40	40
		24 h 平均	80	80
		1 h 平均	200	200
3	PM_{10}	年平均	40	70
		24 h 平均	50	150

3.2.5 样品保存和预处理

(1) 气态样品。在阳光强烈的天气，应避光以避免样品遇光分解，NO_2 吸收

液要避光保存;在冬天,需要考虑吸收液在运输中防冻的问题。

(2) PM_{10}样品。采集完毕,应将滤膜吸尘的一面朝里对折两次,成扇形,放在滤膜袋里,开口向上,带回天平室恒重。

3.3　现场采样与监测

3.3.1　现场采样与监测的准备

1. 实验仪器设备的准备

需要准备的实验设备包括 SO_2、NO_2和 PM_{10}采集用智能中流量大气采样器(附带 0.5 mL/min 的气路系统)、温度计和气压计。

采样器的清单:采样器三角支架、采样器、PM_{10}切割器、连接用乳胶管、电源线。

2. 实验材料的准备

实验材料主要包括采集 SO_2和 NO_2的缓冲瓶和吸收管;采集 PM_{10}的超细玻璃纤维滤膜;采集 SO_2和 NO_2的吸收液。具体如下:

(1) 吸收瓶。可装 10 mL、25 mL 或 50 mL 吸收液的多孔玻板吸收管,液柱高度不低于 80 mm。图 3-1 示出较为适用的两种多孔玻板吸收管。使用棕色吸收瓶或采样过程中吸收瓶外罩黑色避光罩。新的多孔玻板吸收管或使用后的多孔玻板吸收管,应用(1+1)HCl 浸泡 24 h 以上,用清水洗净。

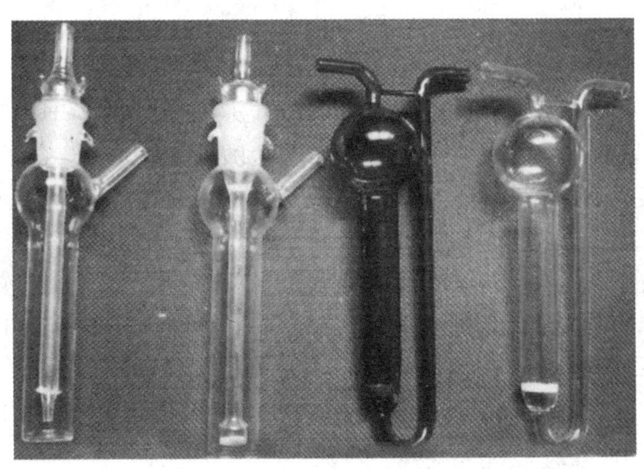

图 3-1　多孔玻板吸收管示意

(2) PM_{10}超细玻璃纤维滤膜

PM_{10}采样需要利用采样头固实滤膜,使用滤膜滤得 PM_{10}物质,如图 3-2 所示。

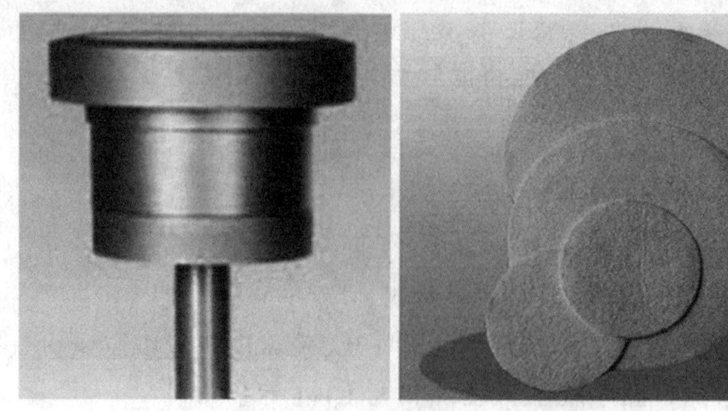

图 3-2 PM_{10}采样头、滤膜

(3) SO_2 吸收液

① 环己二胺四乙酸二钠溶液，c(CDTA-2Na)= 0.05 mol/L。称取 1.82 g 反式 1,2-环己二胺四乙酸[(trans-1,2-cyclohexylenedinitrilo) tetraacetic acid, CDTA],加入 1.5 mol/L 氢氧化钠溶液 6.5 mL,用水稀释至 100 mL。

② 甲醛缓冲吸收储备液。吸取 36%～38%的甲醛溶液 5.5 mL,CDTA-2Na 溶液 20.00 mL;称取 2.04 g 邻苯二甲酸氢钾,溶于少量水中;将三种溶液合并,再用水稀释至 100 mL,储于冰箱可保存 1 年。

③ 甲醛缓冲吸收液。用水将甲醛缓冲吸收储备液稀释 100 倍。临用时现配。

(4) NO_2 吸收液

① N-(1-萘基)乙二胺盐酸盐储备液，$\rho(C_{10}H_7NH(CH)_2NH_2 \cdot 2HCl)$ = 1.00 g/L。称取 0.50 g N-(1-萘基)乙二胺盐酸盐于 500 mL 容量瓶中,用水溶解稀释至刻度。此溶液储于密闭的棕色瓶中,在冰箱中冷藏,可稳定保存 3 个月。

② 显色液。称取 5.0 g 对氨基苯磺酸($NH_2C_6H_4SO_3H$)溶解于约 200 mL 40～50 ℃热水中,将溶液冷却至室温,全部移入 1 000 mL 容量瓶中,加入 50 mL N-(1-萘基)乙二胺盐酸盐储备溶液和 50 mL 冰乙酸,用水稀释至刻度。此溶液储于密闭的棕色瓶中,在 25 ℃以下暗处可稳定保存 3 个月。若溶液呈现淡红色,应弃之重配。

③ 吸收液。使用时将显色液和水按 4∶1(*V/V*)比例混合,即为吸收液。吸收液的吸光度应小于等于 0.005。

(5) 超细玻璃纤维滤膜的准备

根据样品采集目的可选用玻璃纤维滤膜、石英滤膜等无机滤膜或聚氯乙烯、聚丙烯、混合纤维素等有机滤膜。滤膜对 0.3 μm 标准粒子的截留效率不低于

99%。空白滤膜放在恒温恒湿箱(室)中平衡 24 h,平衡条件为:温度取 15~30 ℃中任何一点,相对湿度控制在 45%~55%范围内,记录平衡温度与湿度。在上述平衡条件下,用感量为 0.1 mg 或 0.01 mg 的分析天平称重滤膜,记录滤膜质量。同一滤膜在恒温恒湿箱(室)中相同条件下再平衡 1 h 后称重,两次质量之差小于 0.4 mg 为满足恒重要求。

3.3.2 现场采样和样品的处理

(1) 现场仪器安装

在采样现场,将携带的采样仪器取出,按以下流程进行安装:

① 采样器与三脚架的连接:将三脚架展开,旋开其上端螺丝,并将仪器插入三脚架上端的圆孔内,并旋紧三脚架上的紧固螺丝。

② 气路流程:采样器工作时,两路空气样品分别按顺序通过采样瓶、缓冲瓶、流量计、调节阀、采样泵的进气口,经泵的排气口排出。对于 NO_2必须使用棕色采样瓶。

③ 将采样瓶分别放在瓶架上,用胶管将瓶口与仪器气口直接相连,注意采样瓶进气口与出气口不能接反,采样瓶与仪器之间所连接的缓冲瓶用于防止吸收液倒吸入采样器中而损坏仪器。

④ 将经过干燥、称重后的滤膜装入采样夹中,并将 PM_{10}切割器与采样夹安装在一起,然后将整个采样夹安装在采样器的顶部。

⑤ 打开“电源”开关,仪器控制面板和流量指示灯亮,按操作调节所需流量和采样时间,启动泵,开始采样。

(2) SO_2 采样

① 短时间采样。采用内装 10 mL 吸收液的多孔玻板吸收管,以 0.5 L/min 的流量采气 45~60 min。吸收液温度保持在 23~29 ℃的范围内。冬天采样要注意吸收液防冻,采集后迅速转移回实验室进行比色测定。

② 现场空白。将装有吸收液的采样管带到采样现场,除了不采气之外,其他环境条件与样品相同。

注 1:样品采集、运输和储存过程中应避免阳光照射。

注 2:放置在室内的 24 h 连续采样器,进气口应连接符合要求的空气质量集中采样管路系统,以减少 SO_2进入吸收瓶前的损失。

③ 在现场连接缓冲瓶和吸收管,吸收管内提前盛装一定体积的吸收液,吸收液保持在 23~29 ℃范围内。SO_2 采样使用无色吸收管。

(3) NO_2 采样

① 短时间采样(1 h 以内):取用内装 10.0 mL 吸收液的多孔玻板吸收管,以 0.4 L/min 流量采气 4~24 L。吸收液保持在(20±4) ℃范围内。冬天采样要注意吸收液防冻,采集后迅速转移回实验室进行比色测定。

② 现场空白:装有吸收液的吸收瓶带到采样现场,与样品在相同的条件下保存,运输,直至送交实验室分析,运输过程中应注意防止沾污。要求每次采样至少做 2 个现场空白测试。

③ 样品保存:样品采集、运输及存放过程中避光保存,样品采集后尽快分析。若不能及时测定,将样品于低温暗处存放,样品在 30 ℃暗处存放,可稳定 8 h;在 20 ℃暗处存放,可稳定 24 h;于 0~4 ℃冷藏,至少可稳定 3 d。

(4) PM_{10}采样

① 环境空气监测中采样环境及采样频率的要求:按 HJ/T 194 的要求执行(详细说明要求)。采样时,采样器入口距地面高度不得低于 1.5 m。采样不宜在风速大于 8 m/s 等天气条件下进行。采样点应避开污染源及障碍物。如果测定交通枢纽处 PM_{10},采样点应布置在距人行道边缘外侧 1 m 处。

② 采用间断采样方式测定日平均浓度时:其次数不应少于 4 次,累计采样时间不应少于 18 h。

③ 采样时:将已称重的滤膜用镊子放入洁净采样夹内的滤网上,滤膜毛面应朝进气方向。将滤膜牢固压紧至不漏气。测定任何一次浓度前都需要更换滤膜;如测日平均浓度,样品可采集在一张滤膜上。采样结束后,用镊子取出。将有尘面两次对折,放入样品盒或纸袋,并做好采样记录。

3.3.3 现场记录

SO_2、NO_2 和 PM_{10}的采样需要记录采样点位、监测项目、采样方法、采样时间、采样流量、监测人员、温度、湿度、气压、风速、样品编号和样品保存等信息,具体信息记录于表 3-3。

表 3-3 现场记录信息

采样点位		采样人员		监测项目	
采样时间		监测方法		采样流量/($L\cdot min^{-1}$)	
样品编号		样品保存		样品运输	
温度/℃		气压/kPa		风向、风速/($m\cdot s^{-1}$)	
湿度		备注			

3.4 实验室分析

3.4.1 SO_2 的测定

用于环境空气中 SO_2 测定的方法包括甲醛吸收-副玫瑰苯胺分光光度法(HJ 482—2009)和四氯汞盐吸收-副玫瑰苯胺分光光度法(HJ 483—2009)。甲醛吸收法在使用 10 mL 吸收液、采样体积为 30 L 时,测定空气中 SO_2 的检出限为 0.007 mg/m^3，测定下限为 0.028 mg/m^3，测定上限为 0.667 mg/m^3。四氯汞盐吸收在使用 5 mL 吸收液、采样体积为 30 L 时，测定空气中 SO_2 的检出限为 0.005 mg/m^3，测定下限为 0.020 mg/m^3，测定上限为 0.18 mg/m^3。两种方法的检出限、测定下限区别不大，鉴于四氯汞盐有剧毒，所以本实验对 SO_2 的测定选用甲醛吸收-副玫瑰苯胺分光光度法。

1. 实验原理

SO_2 被甲醛缓冲溶液吸收后，生成稳定的羟甲基磺酸加成化合物，在样品溶液中加入氢氧化钠使加成化合物分解，释放出的 SO_2 与副玫瑰苯胺、甲醛作用，生成紫红色化合物，用分光光度计在波长 577 nm 处测量吸光度值。

本标准的主要干扰物为氮氧化物、臭氧及某些重金属元素。采样后放置一段时间可使臭氧自行分解；加入氨磺酸钠溶液可消除氮氧化物的干扰；吸收液中加入磷酸及环己二胺四乙酸二钠盐可以消除或减少某些金属离子的干扰。10 mL 样品溶液中含有 50 μg 的钙、镁、铁、镍、镉、铜等金属离子及 5 μg 的二价锰离子时，对本方法测定不产生干扰。当 10 mL 样品溶液中含有 10 μg 二价锰离子时，可使样品的吸光度降低 27%。

2. 仪器

（1）分光光度计。

（2）多孔玻板吸收管。10 mL 多孔玻板吸收管，用于短时间采样；50 mL 多孔玻板吸收管，用于 24 h 连续采样。

（3）恒温水浴。0～40 ℃，控制精度为±1 ℃。

（4）具塞比色管。10 mL。用过的比色管和比色皿应及时用盐酸-乙醇清洗液浸洗，否则红色难以洗净。

（5）空气采样器。用于短时间采样的普通空气采样器，流量范围为 0.1～1 L/min，应具有保温装置。用于 24 h 连续采样的采样器应具有恒温、恒流、计时、自动控制开关的功能，流量范围为 0.1～0.5 L/min。

（6）一般实验室常用仪器。

3. 试剂

除非另有说明，分析时均使用符合国家标准的分析纯试剂，实验用水为新制备的蒸馏水或同等纯度的水。

（1）碘酸钾（KIO_3）。优级纯，经 110 ℃干燥 2 h。

（2）氢氧化钠溶液，$c(NaOH) = 1.5$ mol/L。称取 6.0 gNaOH，溶于 100 mL 水中。

（3）氨磺酸钠溶液，$\rho(NaH_2NSO_3) = 6.0$ g/L。称取 0.60 g 氨磺酸（H_2NSO_3H）置于 100 mL 烧杯中，加入 4.0 mL 氢氧化钠，用水搅拌至完全溶解后稀释至 100 mL，摇匀。此溶液密封可保存 10 d。

（4）碘储备液，$c(1/2\ I_2)$= 0.10 mol/L。称取 12.7 g 碘（I_2）于烧杯中，加入 40 g 碘化钾和 25 mL 水，搅拌至完全溶解，用水稀释至 1 000 mL，贮存于棕色细口瓶中。

（5）碘溶液，$c(1/2\ I_2)$= 0.010 mol/L。量取碘储备液 50 mL，用水稀释至 500 mL，储于棕色细口瓶中。

（6）淀粉溶液，ρ（淀粉）= 5.0 g/L。称取 0.5 g 可溶性淀粉于 150 mL 烧杯中，用少量水调成糊状，慢慢倒入 100 mL 沸水，继续煮沸至溶液澄清，冷却后储于试剂瓶中。

（7）碘酸钾基准溶液，$c(1/6\ KIO_3)$= 0.1 000 mol/L。准确称取 3.566 7 g 碘酸钾溶于水，移入 1 000 mL 容量瓶中，用水稀释至标线，摇匀。

（8）盐酸溶液，$c(HCl)$= 1.2 mol/L。量取 100 mL 浓盐酸，加到 900 mL 水中。

（9）硫代硫酸钠标准储备液，$c(Na_2S_2O_3)$= 0.10 mol/L。称取 25.0 g 硫代硫酸钠（$Na_2S_2O_3 \cdot 5H_2O$）溶于 1 000 mL 新煮沸但已冷却的水中，加入 0.2 g 无水碳酸钠，储于棕色细口瓶中，放置 1 周后备用。如溶液呈现混浊，必须过滤。

标定方法：吸取 3 份 20.00 mL 碘酸钾基准溶液分别置于 250 mL 碘量瓶中，加 70 mL 新煮沸但已冷却的水，加 1 g 碘化钾，振摇至完全溶解后，加 10 mL 盐酸溶液立即盖好瓶塞，摇匀。于暗处放置 5 min 后，用硫代硫酸钠标准溶液滴定溶液至浅黄色，加 2 mL 淀粉溶液继续滴定至蓝色刚好褪去为终点。硫代硫酸钠标准溶液的浓度按式（3-1）计算：

$$c_1 = \frac{0.100\,0 \times 20.00}{V} \tag{3-1}$$

式中：c_1——硫代硫酸钠标准溶液的浓度，mol/L；

V——滴定所耗硫代硫酸钠标准溶液的体积，mL。

（10）硫代硫酸钠标准溶液，$c(Na_2S_2O_3) \approx 0.010\,00$ mol/L。取 50.0 mL 硫代硫酸钠储备液置于 500 mL 容量瓶中，用新煮沸但已冷却的水稀释至标线，摇匀。

（11）乙二胺四乙酸二钠盐（EDTA-2Na）溶液，ρ（EDTA-2Na）= 0.50 g/L。称取 0.25 g 乙二胺四乙酸二钠盐（$C_{10}H_{14}N_2O_8Na_2 \cdot 2H_2O$）溶于 500 mL 新煮沸但已冷却的水中。临用时现配。

（12）亚硫酸钠溶液，$\rho(Na_2SO_3)$= 1 g/L。称取 0.2 g 亚硫酸钠（Na_2SO_3）溶于 200 mL EDTA-2Na 溶液中，缓缓摇匀以防充氧，使其溶解。放置 2~3 h 后标定。此溶液每毫升相当于 320~400 μg SO_2。

标定方法：

① 取 6 个 250 mL 碘量瓶（A_1、A_2、A_3、B_1、B_2、B_3）在 A_1、A_2、A_3 内各加入 25 mL 乙二胺四乙酸二钠盐溶液，在 B_1、B_2、B_3 内加入 25.00 mL 亚硫酸钠溶液，

分别加入 50.0 mL 碘溶液和 1.00 mL 冰乙酸,盖好瓶盖,摇匀。

② 立即吸取 2.00 mL 亚硫酸钠溶液加到一个已装有 40~50 mL 甲醛吸收液的 100 mL 容量瓶中,并用甲醛吸收液稀释至标线、摇匀。此溶液即为 SO_2 标准储备溶液,在 4~5 ℃下冷藏,可稳定 6 个月。

③ A_1、A_2、A_3、B_1、B_2、B_3 六个瓶子于暗处放置 5 min 后,用硫代硫酸钠溶液滴定至浅黄色,加 5 mL 淀粉指示剂,继续滴定至蓝色刚刚消失。平行滴定所用硫代硫酸钠溶液的体积之差应不大于 0.05 mL。

SO_2 标准储备液的质量浓度由式(3-2)计算:

$$\rho(SO_2)=\frac{(V_0-V)\times c_2\times 32.02\times 10^3}{25.00}\times\frac{2.00}{100} \tag{3-2}$$

式中:$\rho(SO_2)$——SO_2 标准储备液的质量浓度,μg/mL;

V_0——空白滴定所用硫代硫酸钠溶液的体积,mL;

V——样品滴定所用硫代硫酸钠溶液的体积,mL;

c_2——硫代硫酸钠溶液的浓度,mol/L。

(13) SO_2 标准溶液,$\rho(SO_2)$= 1.00 μg/mL。用甲醛吸收液将 SO_2 标准储备液稀释成每毫升含 1.0 μg SO_2 的标准溶液。此溶液用于绘制标准曲线,在 4~5 ℃下冷藏,可稳定 1 个月。

(14) 盐酸副玫瑰苯胺(pararosaniline,简称 PRA,即副品红或对品红)储备液,ρ(PRA)= 2.0 g/L。其纯度应达到副玫瑰苯胺提纯及检验方法的质量要求。

(15) 盐酸副玫瑰苯胺溶液,ρ(PRA)= 0.50 g/L。吸取 25.00 mL 盐酸副玫瑰苯胺储备液于 100 mL 容量瓶中,加 30 mL 85%的浓磷酸,12 mL 浓盐酸,用水稀释至标线,摇匀,放置过夜后使用。避光密封保存。

(16) 盐酸-乙醇清洗液:由三份(1+4)盐酸和一份 95%乙醇溶液混合配制而成,用于清洗比色管和比色皿。

4. 实验步骤

(1) 标准曲线的绘制。取 16 支 10 mL 具塞比色管,分 A、B 两组,每组 7 支,分别对应编号。A 组按表 3-4 配制标准系列。

表 3-4 SO_2 标准系列

管号	0	1	2	3	4	5	6
SO_2 标准溶液/mL	0	0.50	1.00	2.00	5.00	8.00	10.00
甲醛缓冲吸收液/mL	10.00	9.50	9.00	8.00	5.00	2.00	0
SO_2 含量/μg	0	0.50	1.00	2.00	5.00	8.00	10.00

在 A 组各管中分别加入 0.5 mL 氨磺酸钠溶液和 0.5 mL 氢氧化钠溶液，混匀。

在 B 组各管中分别加入 1.00 mL PRA 溶液。

将 A 组各管的溶液迅速地全部倒入对应编号并盛有 PRA 溶液的 B 管中，立即加塞混匀后放入恒温水浴装置中显色。在波长 577 nm 处，用 10 mm 比色皿，以水为参比测量吸光度。以空白校正后各管的吸光度为纵坐标，以 SO_2的含量(μg)为横坐标，用最小二乘法建立标准曲线的回归方程。

显色温度与室温之差不应超过 3 ℃。根据季节和环境条件按表 3-5 选择合适的显色温度与显色时间。

表 3-5 显色温度与显色时间

显色温度/℃	10	15	20	25	30
显色时间/min	40	25	20	15	5
稳定时间/min	35	25	20	15	10
试剂空白吸光度 A_0	0.030	0.035	0.040	0.050	0.060

(2) 样品测定

① 取 2 只 10 mL 比色管，编号为 A_1 和 B_1，将吸收管中的样品溶液转移入 A_1 管中，用少量甲醛吸收液洗涤吸收管，洗液并入比色管中并稀释至标线。在配置标准曲线的同时，向 A_1 管中分别加入 0.5 mL 氨磺酸钠溶液和 0.5 mL 氢氧化钠溶液混匀。

② 向 B_1 管中加入 1.00 mL PRA 溶液。

③ 然后迅速将 A_1 管中溶液导入 B_1 管中，立即加塞混匀放入恒温水浴装置(与标准曲线溶液水浴温度相同)中显色。在波长 577 nm 处，用 10 mm 比色皿，以水为参比测量吸光度，和标准曲线系列溶液一起测定吸光度。

5. 结果计算

空气中 SO_2 的质量浓度，按式(3-3)计算：

$$\rho(SO_2)=(A-A_0-a)\times V_t/(b\times V_s\times V_a) \tag{3-3}$$

式中：$\rho(SO_2)$——空气中 SO_2 的质量浓度，mg/m^3；

A——样品溶液的吸光度；

A_0——试剂空白溶液的吸光度；

b——标准曲线的斜率，吸光度/μg；

a——标准曲线的截距(一般要求小于 0.005)；

V_t——样品溶液的总体积，mL；

V_a——测定时所取试样的体积,mL;

V_s——换算成标准状态下(101.325 kPa,273 K)的采样体积,L。

计算结果保留到小数点后3位。

3.4.2 NO_2 的测定

1. 实验原理

采用盐酸萘乙二胺分光光度法测定空气中的氮氧化物。空气中的NO_2被吸收瓶中的吸收液吸收并反应生成粉红色偶氮染料,空气中的NO不与吸收液反应。生成的偶氮染料在波长540 nm处的吸光度与NO_2的含量成正比,测定吸收瓶中样品的吸光度,计算NO_2的质量浓度(以NO_2计)。

空气中SO_2质量浓度为氮氧化物质量浓度的30倍时,对NO_2的测定产生负干扰。空气中过氧乙酰硝酸酯(PAN)对NO_2的测定产生正干扰。空气中臭氧浓度超过0.25 mg/m^{3}时,对NO_2的测定产生负干扰。采样时在采样瓶入口端串接一段15~20 cm长的硅胶管,可排除干扰。

2. 仪器

(1) 分光光度计。

(2) 空气采样器。流量范围为0.1~1.0 L/min。采样流量为0.4 L/min时,相对误差小于±5%。

(3) 恒温、半自动连续空气采样器。采样流量为0.2 L/min时,相对误差小于±5%,能将吸收液温度保持在(20±4)℃。采样连接管线为硼硅玻璃管、不锈钢管、聚四氟乙烯管或硅胶管,内径约为6 mm,尽可能短些,任何情况下不得超过2 m,配有朝下的空气入口。

3. 试剂

除非另有说明,分析时均使用符合国家标准或专业标准的分析纯试剂和无亚硝酸根的蒸馏水、去离子水或相当纯度的水。必要时,实验用水可在全玻璃蒸馏器中以每升水加入0.5 g高锰酸钾($KMnO_4$)和0.5 g氢氧化钡[$Ba(OH)_2$]重蒸。

(1) 冰乙酸。

(2) 盐酸羟胺溶液,$\rho=(0.2\sim0.5)$ g/L。

(3) 硫酸溶液,$c(1/2\ H_2SO_4)=1$ mol/L。取15 mL浓硫酸($\rho=1.84$ g/mL),徐徐加入500 mL水中,搅拌均匀,冷却备用。

(4) 亚硝酸盐标准储备液,$\rho(NO_2^-)=250$ μg/mL。准确称取0.375 0 g亚硝酸钠($NaNO_2$,优级纯,使用前在(105±5)℃干燥恒重)溶于水,移入1 000 mL容量瓶中,用水稀释至标线。此溶液储于密闭棕色瓶中于暗处存放,可稳定保存3个月。

(5) 亚硝酸盐标准工作液,$\rho(NO_2^-)=2.5$ μg/mL。准确吸取亚硝酸盐标准储备液 1.00 mL 于 100 mL 容量瓶中,用水稀释至标线。临用现配。

4. 实验步骤

(1) 标准曲线的绘制。取 6 支 10 mL 具塞比色管,按表 3-6 制备亚硝酸盐标准溶液系列。根据表 3-6 分别移取相应体积的亚硝酸钠标准工作液,加水至 2.00 mL,再加入显色液 8.00 mL。

表 3-6 NO_2^- 标准溶液系列

管号	0	1	2	3	4	5
标准工作液/mL	0.00	0.40	0.80	1.20	1.60	2.00
水/mL	2.00	1.60	1.20	0.80	0.40	0.00
显色液/mL	8.00	8.00	8.00	8.00	8.00	8.00
NO_2^- 质量浓度/($\mu g \cdot mL^{-1}$)	0.00	0.10	0.20	0.30	0.40	0.50

各管混匀,于暗处放置 20 min(室温低于 20 ℃时放置 40 min 以上),用 10 mm 比色皿,在波长 540 nm 处,以水为参比测量吸光度,扣除 0 号管的吸光度以后,对应 NO_2^- 的质量浓度(μg/mL),用最小二乘法计算标准曲线的回归方程。

标准曲线斜率控制在 0.960~0.978 吸光度·mL/μg,截距控制在 0.000~0.005 之间(以 5 mL 体积绘制标准曲线时,标准曲线斜率控制在 0.180~0.195 吸光度·mL/μg,截距控制在±0.003 之间)。

(2) 空白试验

① 实验室空白试验:取实验室内未经采样的空白吸收液,用 10 mm 比色皿,在波长 540 nm 处,以水为参比测定吸光度。实验室空白吸光度 A_0 在显色规定条件下波动范围不超过±15%。

② 现场空白:同①实验室空白试验的操作测定吸光度。将现场空白和实验室空白的测量结果相对照,若现场空白与实验室空白相差过大,查找原因,重新采样。

(3) 样品测定。采样后放置 20 min,室温 20 ℃以下时放置 40 min 以上,用水将采样瓶中吸收液的体积补充至标线,混匀。用 10 mm 比色皿,在波长 540 nm 处,以水为参比测量吸光度,同时测定空白样品的吸光度。若样品的吸光度超过标准曲线的上限,应用实验室空白试液稀释,再测定其吸光度。但稀释倍数不得大于 6。

5. 结果计算

空气中 NO_2 质量浓度 $\rho(NO_2)$(mg/m^3)按式(3-4)计算:

$$\rho(NO_2)=\frac{(A_1-A_0-a)\times V\times D}{b\times f\times V_0} \tag{3-4}$$

式中：A_1——吸收瓶中样品的吸光度；

A_0——实验室空白的吸光度；

b——标准曲线的斜率，吸光度·mL/μg；

a——标准曲线的截距；

V——采样用吸收液体积，mL；

V_0——换算为标准状态（101.325 kPa，273 K）下的采样体积，L；

D——样品的稀释倍数；

f——Saltzman 实验系数，0.88（当空气中 NO_2 质量浓度高于 0.72 mg/m^3 时，f 取值 0.77）。

3.4.3　PM_{10}的测定

1. 实验原理

测定原理为重量法（HJ 618—2011）。使环境空气分别通过 PM_{10}切割器，以恒速抽取定量体积空气，使环境空气中 PM_{10}被截留在已知质量的滤膜上，根据采样前后滤膜的质量差和采样体积，计算出 PM_{10}浓度。

2. 仪器

（1）PM_{10}切割器和采样系统。切割粒径 Da_{50} =（10±0.5）μm；捕集效率的集合标准差为 σ_g =（1.5±0.1）μm。其他性能和技术指标应符合《环境空气颗粒物（PM_{10}和 $PM_{2.5}$）采样器技术要求及检测方法》（HJ 93-2013）。

（2）流量计。采样器孔口流量计或其他符合本标准技术指标要求的流量计。中流量流量计：量程为 60～125 L/min，误差≤2%。

（3）分析天平。感量 0.1 mg 或 0.01 mg。

（4）恒温恒湿箱（室）。箱（室）内空气温度在 15～30 ℃范围内可调，调控精度为±1 ℃。箱（室）内空气相对湿度应控制在（50±5）%。恒温恒湿箱（室）可连续工作。

（5）干燥器。内盛变色硅胶。

3. 实验步骤

将采样后的滤膜放在恒温恒湿箱（室）中平衡 24 h，平衡条件为：温度取15～30 ℃中任何一点，相对湿度控制在 45%～55%范围内，记录平衡温度与湿度。在上述平衡条件下，用感量为 0.1 mg 或 0.01 mg 的分析天平称重滤膜，记录滤膜质量。同一滤膜在恒温恒湿箱（室）中相同条件下再平衡 1 h 后称重。对于 PM_{10}颗粒物样品滤膜，两次质量之差小于 0.4 mg 为满足恒重要求。

4. 结果计算

PM_{10}浓度按下式计算：

$$\rho=\frac{w_2-w_1}{V}\times 1\,000 \tag{3-5}$$

式中:ρ——PM_{10}浓度,mg/m^3;

w_2——采样后滤膜的质量,g;

w_1——空白滤膜的质量,g;

V——已换算成标准状态(101.325 kPa,273 K)下的采样体积,m^3。

计算结果保留3位有效数字。小数点后数字可保留到第3位。

3.5 环境空气质量监测实验报告的编制

环境空气质量监测实验报告包括如下主要内容:

(1) 环境空气质量监测实验方案。包括环境空气质量监测目的、基础资料、监测项目、监测点位、现场采样及实验室分析的要求。

(2) 现场采样与监测。包括现场布点、现场采样、现场监测、现场样品预处理、样品保存、现场记录等。

(3) 实验室分析。包括具体监测项目的测试。

(4) 环境空气质量监测结果分析及结论。

3.6 环境空气质量监测质量保证措施

(1) 大气监测中的质量保证措施。包括检查确保采样系统连接的正确性、保证采样系统的气密性、校准采样仪器的流量和计量。

(2) 要经常检查采样器头是否漏气。当滤膜安放正确,采样系统无漏气时,采样后滤膜上的颗粒物与四周白边之间界限应清晰,如出现界限模糊时,则表明应更换滤膜密封垫。

(3) 滤膜使用前均需进行检查。不得有针孔或任何缺陷。滤膜称量时要消除静电的影响。对滤膜按照规程进行恒温、恒湿处理。

(4) 采样前后滤膜称量应使用同一台分析天平。当PM_{10}含量很低时,采样时间不能过短。对于感量为0.1 mg或0.01 mg的分析天平,滤膜上颗粒物负载量应分别大于1 mg和0.1 mg,以减少称量误差。

(5) 数据校正。通过现场记录温度、气压数据对采样体积的校正。

(6) 利用针筒和气袋采样时。对采样针筒和气袋需要用现场空气润洗3次以上。

3.7 思考题

(1) 针对交通道路的环境空气质量监测,思考NO或NO_x是否需要监测?

(2) 测定NO_2为什么采用棕色瓶?

(3) 在PM_{10}采样中,切割器的作用是什么?测定TSP是否需要切割器?如果测定$PM_{2.5}$,根据切割器的原理,分析$PM_{2.5}$切割器与PM_{10}切割器的异同。

(4) 若针对大学校园进行环境空气质量监测,请说明如何制定环境空气质量监测方案。

3.8　案例——某大学校园空气环境质量监测案例

3.8.1　监测方案的制定

1. 基础资料的收集

(1) 污染源分布及排放。某大学校园内没有固定污染源排放,有校园内交通道路汽车尾气排放。

(2) 气象资料。校园内 10 月份的主要风向是西北风、2~3 级、平均气温 7~21 ℃,降水量约为 50 mm/月,日照时间为 10 h,相对湿度为 60%。

(3) 地形资料。校园内地势平坦,没有影响污染扩散的障碍。

(4) 土地利用和功能分区情况。校园内的主要设施包括:教学设施、学生生活设施,以及学生体育娱乐设施等,校园内部的布局基本按以上设施而划分为教学区、生活区和活动区,具体如图 3-3 所示。

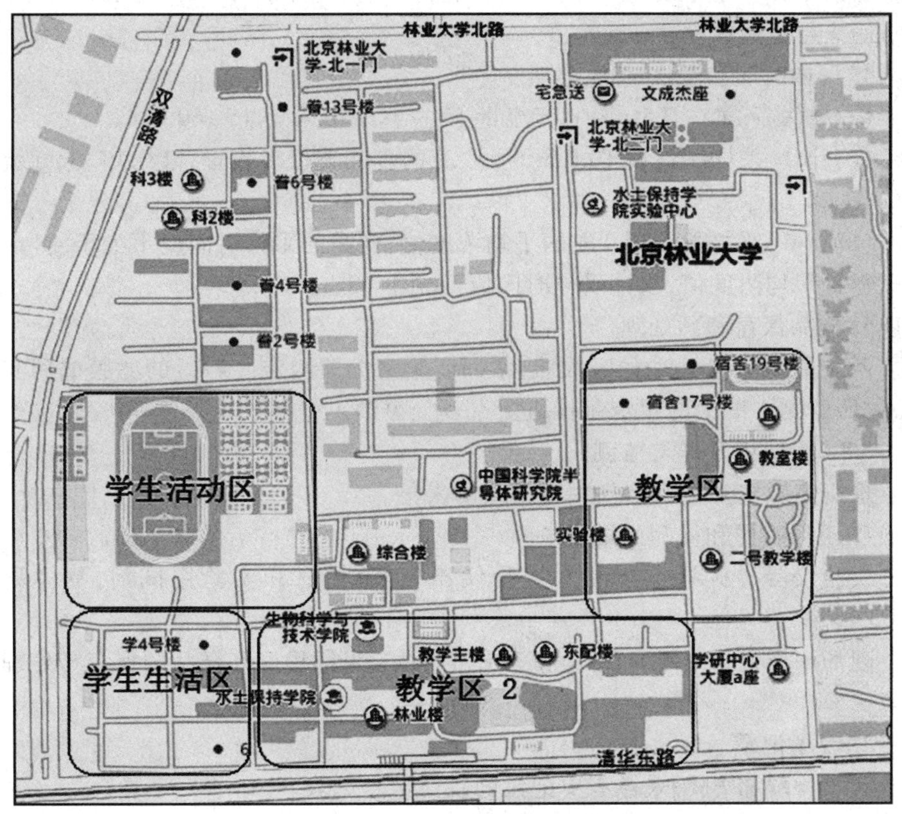

图 3-3　某大学校园功能区划图

(5) 人口分布和人群健康情况。校园内居住人口约 2 万人。

2. 监测项目的确定

根据《环境空气质量标准》(GB3095—2012),校园空气质量监测的控制项目包括 3 项,监测项目及其分析方法详见表 3-7。

表 3-7 基本监测项目及其分析方法

序号	基本项目	测定方法	方法来源
1	SO_2	甲醛吸收-副玫瑰苯胺分光光度法	HJ 482—2009
2	NO_2	盐酸萘乙二胺分光光度法	HJ 479—2009
3	PM_{10}	重量法	HJ 618—2011

3. 监测点位的确定

监测点位的布设按照功能区的布设方法,将校园内划分为教学区、生活区和活动区,分别在各区内布设 1 个采样点。所选择的具体采样点位置,需要满足采样仪器的采样口水平线与周围建筑物高度的夹角应不大于 30°,应避开树木,采样点距人行道边缘至少 1.5 m。

4. 采样时间和频次的确定

(1) SO_2 采样在 0.5 mL/min 流量下进行,一般采集 45~60 min;

(2) NO_2 采样用内装 10.0 mL 吸收液的多孔玻板吸收管,以 0.4 L/min 流量采气 4~24 L。

(3) PM_{10}采样要获得 1 h 的平均浓度值,样品的采样时间应不少于 45 min;要获得日平均浓度值,累计采样时间应不少于 12 h。

5. 样品保存和预处理

所采集 SO_2 和 NO_2 的吸收瓶,拿回实验室立即测定。PM_{10}的滤膜拿回实验室,按照监测方案中的规定条件,进行恒温、恒湿。

3.8.2 现场采样与监测

现场实验主要是指空气中污染物的采集。

1. 现场采样和样品的处理

实验仪器与材料包括准备实验仪器、实验耗材和实验用试剂,具体见本章3.3.1。

现场采样包括对 SO_2,NO_2 和 PM_{10}的采样,采样程序和样品的保存与处理见本章 3.3.2。

2. 现场记录

SO_2,NO_2 和 PM_{10}采样需要记录的具体信息见表 3-8。

表 3-8　现场记录信息

采样点位	教学区 1	监测项目	SO_2,NO_2,PM_{10}	采样方法	见本章 3.3.2
采样时间	2013-10-18	采样流量/($L\cdot min^{-1}$)	SO_2:0.5 NO_2:0.4 PM_{10}:100	监测人员	环境 2011 级第 1 组
温度/℃	23	相对湿度	70%	气压/kPa	101.3
风向、风速/($m\cdot s^{-1}$)	NNE,3.5	样品编号	2#	样品保存温度/℃	4

3.8.3　实验室分析

在实验室内测定样品 SO_2,NO_2 和 PM_{10},测试方法见表 3-7。

3.8.4　校园环境空气质量监测实验报告的编制

(1) 校园环境空气质量监测方案的制定。包括:① 基础资料的收集,② 监测项目的确定,③ 监测点位的确定,④ 采样时间和频次的确定,⑤ 样品保存和预处理方案等。具体要求见本章 3.2。

(2) 校园环境空气质量监测现场采样与处理。包括:① 实验器材与仪器,② 现场采样与处理,③ 现场记录等内容。具体要求见本章 3.3。

(3) 实验室分析。包括具体监测项目的测试分析,具体分析方法见表 3-7。

(4) 环境空气质量监测结果分析及结论。对某大学校园环境空气质量监测结果(见表 3-9)。

表 3-9　某大学校园环境空气质量监测结果

监测项目	测定值/($\mu g\cdot m^{-3}$)	1 h 平均值/($\mu g\cdot m^{-3}$)①
SO_2	78.2	500
NO_2	101	200
PM_{10}	89.1	—

①《环境空气质量标准》(GB 3095—2012)中对环境空气污染物基本项目 1 h 平均值二级标准的规定。

由于大学校园按《环境空气质量标准》(GB 3095—2012)中相关规定应属于文化区,适用环境空气污染物基本项目二级标准的浓度限值。国家标准有 1 h、24 h 和年平均值,受实验课程的操作时间限制,SO_2,NO_2,PM_{10}都只测定了 1 h 平均值,对照《环境空气质量标准》(GB 3095—2012)中的 1 h 平均值标准,可以看出 SO_2 和 NO_2 均未超过标准中的二级标准值。由表 3-9 可知,国家标准没有 PM_{10}1 h 平均值的标准,但从本实验所监测的 1 h 平均值 89.1 $\mu g/m^3$ 可以看出,远低于标准中的 24 h 平均值(150 μg/m^3),由此可推断校园空气中的 PM_{10}优于国家二级标准。

3.9 本章小结

通过本章的实验教学和案例分析,使学生学会针对一个环境空气质量监测任务,制定相应的监测方案,在方案中包括了监测项目、监测点位、采样时间、样品预处理和保存、现场采样、实验室分析、监测报告编写等方面的内容。然后,学生根据自己所制定的监测方案开展采样现场调查,确定采样点位,并进行采样前的准备,包括采样仪器、材料、试剂的准备,掌握空气采样仪器的使用原理和方法。在完成现场采样和记录后,对样品进行正确的保存和运输。在实验室,进行空气样品的分析测试,掌握分光光度计和气相色谱仪的使用操作。最后完成实验数据的整理分析与实验报告的撰写。通过该实验,学生得到环境空气质量监测的全程训练,可掌握环境空气质量监测的监测方法和全流程操作,将能够相对独立地完成一个既定的空气质量监测工作。

第 4 章

土壤环境质量监测

4.1 实验目的

在土壤环境质量监测理论课学习的基础上,通过本实验,希望达到如下目的:学会制定土壤环境质量监测方案,并能完成土壤环境质量现场监测和实验室内相关指标的测试。经过本实验训练,使本科生能够相对独立地完成土壤环境质量监测任务,提高综合运用知识、解决问题以及动手能力。

4.2 土壤环境质量监测方案的制定

4.2.1 基础资料的收集

(1) 调查土壤监测区域的土地利用状况及其演变过程。包括农业用地和城市用地。

(2) 收集有关的图表。通常包括土壤监测区域的交通图、土壤类型分布图、地质图、大比例尺地形图等资料,供制作采样工作图和标注采样点位使用。

(3) 收集有关土壤信息。收集土壤监测区域的土壤类型、成土母质及土壤的理化特性、肥力状况等土壤信息资料。

(4) 收集与土壤监测相关的法律法规资料。

(5) 收集土壤监测区域受纳污染物的途径。包括:大气污染型土壤、灌溉水污染型土壤、固体废物堆放污染型土壤、农用固体废物污染型土壤、农用化学物质污染型土壤、综合污染型土壤等。

4.2.2 监测项目的确定

土壤环境质量监测项目分常规项目、特定项目和选测项目,监测频次与其相应。

(1) 常规项目。原则上为《土壤环境质量标准》(GB 15618—1995)中所要求控制的污染物,包括基本项目和重点项目。

(2) 特定项目。为《土壤环境质量标准》(GB 15618—1995)中未要求控制,但根据当地环境污染状况,确认在土壤中积累较多、对环境危害较大、影响范围广、毒性较强的污染物,或者污染事故对土壤环境造成严重不良影响的物质。

(3) 选测项目。一般包括新纳入的在土壤中积累较少的污染物、由于环境污染导致土壤性状发生改变的土壤性状指标以及生态环境指标等。具体分为影响产量项目、污水灌溉项目、POPs 与高毒类农药和其他项目。具体监测项目视情况而定。

考虑到教学实验课的时间限制,本教材建议选择常规项目中重点项目类一到几种重金属和典型农药作为土壤环境质量监测项目,具体见表 4-1。

表 4-1 典型土壤环境质量监测项目

类别	重金属	农药类
监测项目	镉、铬、汞、砷、铅、铜、锌、镍	六六六、滴滴涕

4.2.3 监测点位的确定

根据监测对象的不同,分为区域环境背景土壤采样、城市土壤采样和农田土壤采样。

1. 区域环境背景土壤采样

(1) 采样单元的划分。全国土壤环境背景值监测一般以土类为主,省、自治区、直辖市级的土壤环境背景值监测以土类和成土母质母岩类型为主,省级以下或条件许可或特别工作需要的土壤环境背景值监测可划分到亚类或土属。

(2) 区域环境背景土壤采样。选择网距、网格布点,区域内的网格结点数即为土壤采样点数量。

网格间距 L 按下式计算:

$$L=(A/N)^{1/2} \tag{4-1}$$

式中:L——网格间距;

A——采样单元面积;

N——采样点数。

A 和 L 的量纲要相匹配,如 A 的单位是 km^2,则 L 的单位就为 km。根据实际情况可适当减小网格间距,适当调整网格的起始经纬度,避开过多网格落在道路或河流上,使样品更具代表性。

2. 城市土壤采样

城市土壤是城市生态系统的重要组成部分,虽然城市土壤不用于农业生产,但其环境质量对城市生态系统影响极大。城区内大部分土壤被道路和建筑物覆盖,只有小部分土壤栽植草木,城市土壤主要是指后者。由于其复杂性所以实验分两层采样,上层(0~30 cm)可能是回填土或受人为影响大的部分,下层(30~60 cm)为人为影响相对较小的部分。两层分别取样监测。

城市土壤采样：以网距 2 000 m 的网格布设为主，功能区布点为辅，每个网格设一个采样点。对于专项研究和调查的采样点可适当加密。

3. 农田土壤采样

在农田土壤采样时，往往面积较大，需要划分若干个采样单元，同时在不受污染源影响的地方选择对照采样单元。同一单元的差别应尽可能地缩小。对于土壤质量监测或土壤污染监测，可按土壤受纳污染物的途径（如大气污染、农灌污染、综合污染等），参考土壤类型等因素，划分采样单元。在采样单元上，具体的样点布设方法如下：

（1）对角线法。适用于污灌农田土壤，对角线分 5 等分，以等分点为采样点。

（2）梅花点法。适用于面积较小、地势平坦、土壤组成和受污染程度相对比较均匀的地块，设采样点 5 个左右。

（3）棋盘式法。适宜中等面积、地势平坦、土壤不够均匀的地块，设采样点 10 个左右；受污泥、垃圾等固体废物污染的土壤，采样点应在 20 个以上。

（4）蛇形法。适宜面积较大、土壤不够均匀且地势不平坦的地块，设采样点 15 个左右，多用于农业污染型土壤。各采样点土样混匀后用四分法取 1 kg 装入样品袋，多余部分弃去。

（5）放射状布点法。该方法适合于大气污染型土壤。以大气污染源为中心，向周围画射线，在射线上布设采样点。在主导风向的下风向适当增加采样点之间的距离和采样点数量。

（6）网格布点法。适用于地形平缓的地块，将地块划分成若干均匀网格，采样点设在两条直线的交点或者方格的中心。

农田土壤采样：根据调查目的、调查精度和调查区域环境状况等因素确定，可设置 3~7 个 200 m×200 m 的采样单元。

4.2.4　采样时间与频次的确定

采样时间随测定目的而定：

（1）为了解土壤污染状况，可随时采集土样测定。

（2）对于环境影响跟踪监测项目，可根据生产周期或根据年度计划实施土壤质量监测；对于地下水位不很稳定的区域，土壤污染监测还要考虑地下水位的变化情况，安排合理的采样时间和采样频次。

4.3　现场采样与监测

4.3.1　现场监测的准备

土壤环境现场监测所需要准备的器材比较简单，主要包括挖掘类器材，有铲子、铁锹等；盛装土壤样品的容器，有塑料袋、布袋等；以及土壤样品标签和记录本。

4.3.2 现场采样和样品的处理

采样点可采表层样或土壤剖面中的样。如果是了解一般土壤污染状况,对种植一般农作物的耕地,一般监测采集表层土,采样深度 0~20 cm。特殊要求的监测(土壤背景、环境评价、污染事故,或需要了解土壤污染浓度等)必要时选择部分采样点采集剖面样品。剖面的规格一般为长 0.8~1.5 m,深 1.2 m。挖掘土壤剖面要使观察面向阳,表土和底土分两侧放置。

一般每个剖面采集 A、B、C 三层土样。地下水位较高时,剖面挖至地下水出露时为止;山地丘陵土层较薄时,剖面挖至风化层。对 A 层特别深厚,沉积层不甚发育,1 m 内见不到母质的土类剖面,按 A 层 5~20 cm、A~B 层 60~90 cm、B 层 100~200 cm 采集土壤。草甸土和潮土一般在 A 层 5~20 cm、C1 层(或 B 层) 50 cm、C2 层 100~120 cm 处采样。

采样次序自下而上,先采剖面的底层样品,再采中层样品,最后采上层样品。测量重金属的样品尽量用竹片或竹刀去除与金属采样器接触的部分土壤,再将其取样。

剖面每层样品采集 1 kg 左右,装入样品袋,样品袋一般由棉布缝制而成,如潮湿样品可内衬塑料袋(供无机化合物测定)或将样品置于玻璃瓶内(供有机化合物测定)。采样的同时,由专人填写样品标签、采样记录。标签一式两份,一份放入袋中,一份系在袋口,标签上标注采样时间、地点、样品编号、监测项目、采样深度和经纬度。采样结束,需逐项检查采样记录、样袋标签和土壤样品,如有缺项和错误,及时补齐更正。将底土和表土按原层回填到采样坑中,方可离开现场,并在采样示意图上标出采样地点,避免下次在相同处采集剖面样。

4.3.3 现场记录

现场记录包括采样点位、采样地坐标、采样时间、采样深度、采样方式、采样量、样品编号、保存方式和采样人员,具体见表 4-2。除此外,还需要对土壤性状进行描述,包括土壤颜色、土壤质地、土壤湿度和石砾含量等。

表 4-2 现场记录信息表

采样点位		采样地坐标		采样时间	
采样深度		采样方式		采样量	
样品编号		保存方式		采样人员	

4.4　实验室分析

4.4.1　样品制备与保存

1. 样品保存

(1) 新鲜样品的保存

对于易分解或易挥发等不稳定组分的土壤样品，要采取低温保存的运输方法，并尽快送到实验室分析测试。测试项目需要新鲜样品的土样，采集后用可密封的聚乙烯或玻璃容器在 4 ℃以下避光保存，样品要充满容器。避免用含有待测组分或对测试有干扰的材料制成的容器盛装保存样品，测定有机污染物用的土壤样品要选用玻璃容器保存。

为了保证样品检测的质量，需预留出一定量样品保存备用。分析取用后的剩余样品，也需要保存备用。

(2) 样品保存室要求

样品保存室应保持干燥、通风、无阳光直射、无污染，样品保存条件和时间见表 4-3 所示。

表 4-3　新鲜样品的保存条件和保存时间

测试项目	容器材质	温度/℃	可保存时间/d	备注
镉	聚乙烯、玻璃	<4	180	
有机氯农药	玻璃(棕色)	−18	7	采样瓶装满、装实，并密封

2. 样品制备

(1) 制样工作室要求

制样工作室分设风干室和磨样室。风干室朝南(严防阳光直射土样)，通风良好，整洁，无尘，无易挥发性化学物质。

(2) 制样工具及容器

风干用白色搪瓷盘及木盘；粗粉碎用木槌、木棍、木棒、有机玻璃棒、有机玻璃板、硬质木板、无色聚乙烯薄膜；磨样用玛瑙研磨机(球磨机)或玛瑙研钵、白色瓷研钵。

(3) 样品的制备

将采集的土壤样品(一般不少于 500 g)混匀后用四分法缩分至约 100 g。缩分后的土样经风干(自然风干或冷冻干燥)后，除去土样中的石子和动植物残体等异物，用木棒(或玛瑙棒)研压，通过 2 mm 尼龙筛(除去 2 mm 以上的沙砾)，混匀。用玛瑙研钵将通过 2 mm 尼龙筛的土样研磨至全部通过 100 目(孔径 0.149 mm)尼龙筛，混匀后备用。

4.4.2 镉的测定

1. 实验原理

采用盐酸-硝酸-氢氟酸-高氯酸全分解的方法,彻底破坏土壤的矿物晶格,使试样中的待测元素全部进入试液中。然后,在约 1 %的盐酸介质中,加入适量的 KI,试液中的 Cd^{2+} 与 I^- 形成稳定的离子络合物,可被甲基异丁基甲酮(MIBK)萃取。将土壤中有机污染物喷入火焰,在火焰的高温下,含镉的离子络合物离解为基态原子,该基态原子蒸气对相应的空心阴极灯发射的特征谱线产生选择性吸收。在选择的最佳测定条件下,测定镉的吸光度。

当盐酸浓度为 1%~2%,碘化钾浓度为 0.1 mol/L 时,甲基异丁基甲酮(MIBK)对镉的萃取率是 99.3 %。在浓缩试样中镉的同时,还达到与大量共存成分铁、铝及碱金属、碱土金属分离的目的。

2. 仪器

(1) 原子吸收分光光度计(带有背景校正装置)。

(2) 镉空心阴极灯。

(3) 乙炔钢瓶。

(4) 空气压缩机,应备有除水、除油和除尘装置。

(5) 仪器参数。不同型号仪器的最佳测试条件类同,可根据仪器使用说明书自行选择。通常本标准采用的测量条件见表 4-4。

表 4-4 仪器测量条件

元素	镉
测定波长/nm	228.8
通带宽度/nm	1.5
灯电流/mA	7.5
火焰性质	氧化性

3. 试剂

本实验所使用的试剂除另有说明外,均使用符合国家标准的分析纯试剂和去离子水或同等纯度的水。

(1) 盐酸(HCl)。$\rho = 1.19$ g/mL,优级纯。

(2) 盐酸溶液。1+1:用试剂 1 配制。

(3) 盐酸溶液。体积分数为 0.2%:用试剂 1 配制。

(4) 硝酸(HNO_3)。$\rho = 1.42$ g/mL,优级纯。

(5) 硝酸溶液。1+1:用试剂 4 配制。

(6) 氢氟酸(HF)。$\rho = 1.49$ g/mL。

(7) 高氯酸($HClO_4$)。$\rho = 1.68$ g/mL,优级纯。

(8) 抗坏血酸($C_6H_8O_6$)水溶液。质量分数为 10 %。

(9) 碘化钾(KI)。2 mol/L:称取 33.2 g KI 溶于 100 mL 水中。

(10) 甲基异丁基甲酮(MIBK),$(CH_3)_2CHCH_2COCH_3$,水饱和溶液。在分液漏斗中加入和 MIBK 等体积的水,振摇 1 min,静置分层(约 3 min)后弃去水相,取上层 MIBK 相使用。

(11) 镉标准储备液,购自国家标准物质中心。

(12) 镉标准使用液,0.25 mg/L 的镉标准使用液需要用盐酸溶液(试剂 3)逐级稀释镉标准储备液配制。

4. 实验步骤

(1) 试样的消解和萃取

① 消解:准确称取 0.2~0.5 g(精确至 0.000 2 g)试样于 50 mL 聚四氟乙烯坩埚中,用水润湿后加入 10 mL 盐酸(试剂 1),于通风橱内的电热板上低温加热,使样品初步分解。待蒸发至约剩 3 mL 时,取下稍冷,然后加入 5 mL 硝酸(试剂 4),5 mL 氢氟酸(试剂 6),3 mL 高氯酸(试剂 7)。加盖后于电热板上中温加热 1 h 左右,然后开盖,继续加热除硅,为了达到良好的除硅效果,应经常摇动坩埚。当加热至冒浓厚高氯酸白烟时,加盖,使黑色有机物充分分解。待坩埚壁上的黑色有机物消失后,开盖,驱赶白烟并蒸至内容物呈黏稠状。视消解情况,可再加入 3 mL 硝酸(试剂 4),3 mL 氢氟酸(试剂 6),1 mL 高氯酸(试剂 7),重复上述消解过程。当白烟再次冒尽且内容物呈黏稠状时,取下稍冷,用水冲洗坩埚盖及内壁,并加入 1 mL 盐酸溶液(试剂 2)温热溶解残渣。然后全量转移至 50 mL 或 100 mL 容量瓶中。

由于土壤种类多,所含有机质差异较大,在消解时应注意观察各种酸的用量,可视消解情况酌情增减。土壤消解液应呈白色或淡黄色(含铁较高的土壤),没有明显沉淀物存在。

注意:电热板温度不宜太高,否则会使聚四氟乙烯坩埚变形。

② 萃取

在 100 mL 分液漏斗中,加入 50 mL 消解液,或者消解液稀释后的溶液。如果是标准曲线系列的萃取操作,向分液漏斗中加入 50 mL 去离子水。

然后向上述溶液中加入 2.0 mL 抗坏血酸溶液,2.5 mL 碘化钾溶液,摇匀。然后,准确加入 5.00 mL 甲基异丁基甲酮(MIBK),振摇 1~2 min,静置分层。取有机相备测。

注:由于 MIBK 的相对密度比水小,分层后可直接喷入火焰,不一定必须与水相分离。因此,在实际操作中可以用 50 mL 比色管替代分液漏斗。

(2) 火焰法原子吸收测定。使用原子吸收分光光度计,使用镉空心阴极灯,然后设定分析条件,测定标准曲线系列溶液和有机相试液(MIBK)的吸光度。

(3) 标准曲线。参考表4-5向100 mL分液漏斗中加入镉标准使用液,其浓度范围应包括试样中镉的浓度。然后加入1 mL盐酸溶液(试剂2),加水至50 mL左右,以下操作同上述萃取步骤。按测定步骤中的条件由低到高浓度顺次测定标准溶液的吸光度。

用减去空白的吸光度与相对应的元素含量(mg/L)绘制标准曲线。

表4-5 标准曲线溶液浓度

混合标准溶液体积/mL	0.00	0.50	1.00	2.00	3.00	5.00
MIBK中Cd的浓度/($mg\cdot L^{-1}$)	0	0.025	0.05	0.10	0.15	0.25

(4) 空白试验。用去离子水代替试样,采用和上述相同的步骤和试剂,制备全程序空白溶液,并进行测定。每批样品制备2个以上的空白溶液。

5. 计算

土壤样品中镉的含量W(Cd,mg/kg)按式(4-2)计算:

$$W=\frac{cV}{m(1-f)} \tag{4-2}$$

式中:c——试液的吸光度减去空白试验的吸光度,然后在标准曲线上查得镉的含量,mg/L;

V——试液(有机相)的体积,mL;

m——称取试样的重量,g;

f——试样中的水分含量,%。

4.4.3 有机氯农药DDT的测定

1. 实验原理

本法采用丙酮-石油醚提取,以浓硫酸净化,用带电子捕获检测器的气相色谱仪测定。

2. 仪器

(1) 带电子捕获检测器的气相色谱仪。

(2) 控制氧气的压力表及度量计。

(3) 进样器。全玻璃系统进样器。

(4) 记录仪。与仪器相匹配的记录仪。

(5) 检测器。类型:电子捕获检测器;器件的特征:可用^{63}Ni放射源或高强^{3}H放射源;检测器极化电压,可采用直流电源或脉冲电源。

(6) 色谱柱。色谱柱数量2~3支。色谱柱特征:材料-硬质玻璃。尺寸-长1.8~2.0 m,内径2~3 mm。

（7）样品瓶。适宜的玻璃磨口瓶。

（8）蒸发浓缩器。

（9）脂肪提取器。

（10）水浴锅。

（11）振荡器。

（12）玻璃器皿。300 mL 分液漏斗，300 mL 具塞锥形瓶，100 mL 量筒，250 mL 平底烧瓶，25、50、100 mL 容量瓶。

（13）微量注射器。5 μL、110 μL。

（14）离心机。

3. 试剂

（1）载气。氮气，纯度 99.99%，经去氧管过滤，氧的含量小于 5 ppm（1 ppm = 10^{-6}），氢的含量小于 1.0 ppm。

（2）色谱标准样品。p,p'-DDE、o,p-DDT、p,p'-DDD、p,p'-DDT，含量 98%~99%，色谱纯。

（3）石油醚，沸程 60~90 ℃。

（4）丙酮（CH_3COCH_3）。

（5）异辛烷（C_8H_{18}）。

（6）苯（C_6H_6）。优级纯。

（7）浓硫酸（H_2SO_4）。密度为 1.84 g/mL。

（8）无水硫酸钠（Na_2SO_4）。300 ℃烘箱中烘烤 4 h，备用。

（9）硫酸钠溶液。20 g/L

（10）硅藻土。试剂级。

（11）三氯甲烷（$CHCl_3$）。

（12）脱脂棉（或玻璃棉）。用丙酮回流 16 h，取出晾干后备用。

（13）色谱柱和填充物。

（14）涂渍固定液所用溶剂三氯甲烷。

4. 实验步骤

（1）样品采集。土壤，在田间根据不同的分析目的多点采集，风干去杂物，研碎过 60 目筛，充分混匀，取 500 g 装入样品瓶备用。

（2）样品保存。土壤样品采集后应尽快分析，如暂不分析应保存在-18 ℃冷冻箱中。

（3）试样的预处理

① 提取：准确称取 20 g 土壤置于小烧杯中，加蒸馏水 2 mL，硅藻土 4 g，充分混匀，无损地移入滤纸筒内，上部盖一片滤纸，将滤纸筒装入索氏提取器中，加入 100 mL 石油醚-丙酮（1∶1），用 30 mL 浸泡土样 12 h 后在 75~95 ℃恒温水浴

上加热提取 4 h,待冷却后,将提取液移入 300 mL 的分液漏斗中,振摇 1 min,静止分层后,弃去下层丙酮水溶液,留下石油醚提取液待净化。

② 净化:适用于土壤、生物样品。在分液漏斗中加入石油醚提取液体积的 1/10 的浓硫酸,振摇 1 min,静置分层后,弃去浓硫酸层(注意:硫酸净化过程中,要防止发热爆炸,加硫酸后,开始要慢慢振摇,不断放气,然后再剧烈振摇),按上述步骤重复数次,直至加入的石油醚提取液二相界面清晰,均呈无色透明为止。然后向弃去硫酸层的石油醚提取液中加入其体积量一半左右的硫酸钠溶液。振摇十余次。待其静置分层后弃去水层。如此重复至提取液呈中性时为止(一般 2~4 次),石油醚提取液再经装有少量无水硫酸钠的筒形漏斗脱水,滤入适当规格的容量瓶中,定容,供气相色谱测定。

(4) 色谱测定操作步骤

① 仪器的调整:汽化室温度:220 ℃;柱温度:195 ℃;检测器温度:245 ℃;载气流速:40~70 mL/min。

② 校准

a. 标准样品的制备:准确称取一定量的色谱纯标准样品每种 100 mg,溶于异辛烷,在容量瓶中定容 100 mL,在 4 ℃下储存。

b. 中间溶液:用移液管两区 4 种储备液,移至 100 mL 容量瓶中,用异辛烷稀释至刻度。4 种贮备液取的体积比为:$V_{p,p'\text{-DDE}}:V_{o,p'\text{-DDT}}:V_{p,p'\text{-DDD}}:V_{p,p'\text{-DDT}}=3.5:5:3:8$。

c. 标准工作液的配制:根据检测器的灵敏度及线性要求,用石油醚稀释中间溶液,配制成几种浓度的标准工作液,在 4 ℃下储存。

d. 校准数据的表示:试样中组分按式(4-3)校准:

$$X_i=\frac{A_i}{A_E}E_i \tag{4-3}$$

式中:X_i——试样中组分 i 的含量,mg/kg;

E_i——标准溶液中组分 i 的含量,mg/kg

A_i——试样中组分 i 的峰高,cm(或峰面积 cm^2);

A_E——标准溶液中组分 i 的峰高,cm(或峰面积 cm^2)。

e. 进样试验:用清洁注射器在待测样品中抽吸几次,排出所有气泡后,抽取所需进样体积,迅速注射入色谱仪中,并立即拔出注射器。

f. 色谱图的考察

定量分析:以峰的起点和终点的连线作为峰底,以峰高极大值对时间轴作垂线,对应的时间即为保留时间,从峰顶至峰底间的线段即为峰高。

$$R_i=\frac{h_i W_{is} V}{h_{is} V_i G} \tag{4-4}$$

式中：R_i——样品中 i 组分农药的含量，mg/kg；

h_i——样品中 i 组分农药的峰高，cm（或峰面积 cm^2）；

W_{is}——标样中 i 组分农药的绝对量，ng；

V——样品定容体积，mL；

h_{is}——标样中 i 组分农药的峰高，cm（或峰面积 cm^2）；

V_i——样品的进样量，μL；

G——样品的重量，g。

4.5　土壤环境质量监测报告的编制

土壤环境质量监测实验报告包括如下主要内容：

（1）土壤环境质量监测实验方案。包括基础资料收集、监测项目、监测点位、样点数量、采样时间、样品保存和预处理方案。

（2）现场采样。包括实验材料与仪器、现场采样和处理、现场记录。

（3）实验室分析。包括具体监测项目的测试分析。

（4）土壤监测结果分析及结论。

4.6　土壤环境质量监测质量保证措施

（1）不能在明显缺乏代表性的地点进行样品采集，如建筑物、道路、村庄、路边、田埂、沟边及堆肥处，有垅的农田要在垅间采集土壤样品。

（2）采集表层土壤时，需先清除地表石块、植被后再采集。

（3）采样时应注意清洗器具，避免样品之间的交叉污染。

（4）现场采集时除相应的文字资料外一定要有照片记录。

（5）经纬度记录方式以“度”为单位。

（6）样品采集同时需填写样品点位基本情况表。

4.7　思考题

（1）针对不同监测对象，有不同的土壤采样方法，请思考这些方法之间有何差异。

（2）请分析土壤中镉的来源。

（3）如监测土壤中的重金属，如何进行采样？

（4）根据土壤不同剖面的监测数据，试分析污染物在土壤垂向方向的迁移规律。

4.8 案例——某大学校园土壤环境质量监测

4.8.1 监测方案的制定

1. 基础资料的收集

为开展大学校园土壤环境质量监测,需要收集与了解的信息和资料有:

(1) 大学校园土地的利用与功能。主要包括教学区域、生活区域、活动区域、苗圃区域等。

(2) 大学校园土壤类型与植物覆盖状况。

(3) 大学校园区域土壤背景值。

2. 监测项目的确定

依据《土壤环境质量标准》(15618—1995),对校园土壤进行质量监测,所选择的监测项目及其监测方法可见表 4-6。

表 4-6 基本项目及其监测分析方法

序号	基本项目	测定方法	方法来源
1	镉	KI-MIBK 萃取原子吸收分光光度法	GB/T 17140—1997
2	DDT	气相色谱法	GB/T 14550—1993

3. 监测点位的确定

根据校园内的土地利用与功能分区,分别在教学区域、生活区域、活动区域、苗圃区域布设采样点,选择面积在 20~30 m^2 的地块作为采样单元,采用对角线法进行布点(见图 4-1)。

4. 质量保证

可采用的质量保证措施包括:在有代表性的地点进行样品采集,避开建筑物、道路、村庄、路边、田埂、沟边及堆肥处;采集表层土壤时,需先清除地表石块、植被后再采集;采样时应注意清洗器具,避免样品之间的交叉污染;现场采集进行文字和照片的记录。

4.8.2 现场采样与监测

1. 现场调查

来到现场调查和了解土壤监测区域的土地使用功能,观察周边的人群活动,收集土壤监测区域的土壤类型、成土母质及土壤的理化特性、肥力状况等土壤信息。了解土壤监测区域收纳污染物的途径。

2. 现场采样和样品的处理

现场实验以采集样品为主,采样深度为 0~20 cm 的表层土。使用铲子采集土壤,装于样品袋中,每个采样点采集样品为 0.5~1 kg。每个采样单元内所采集

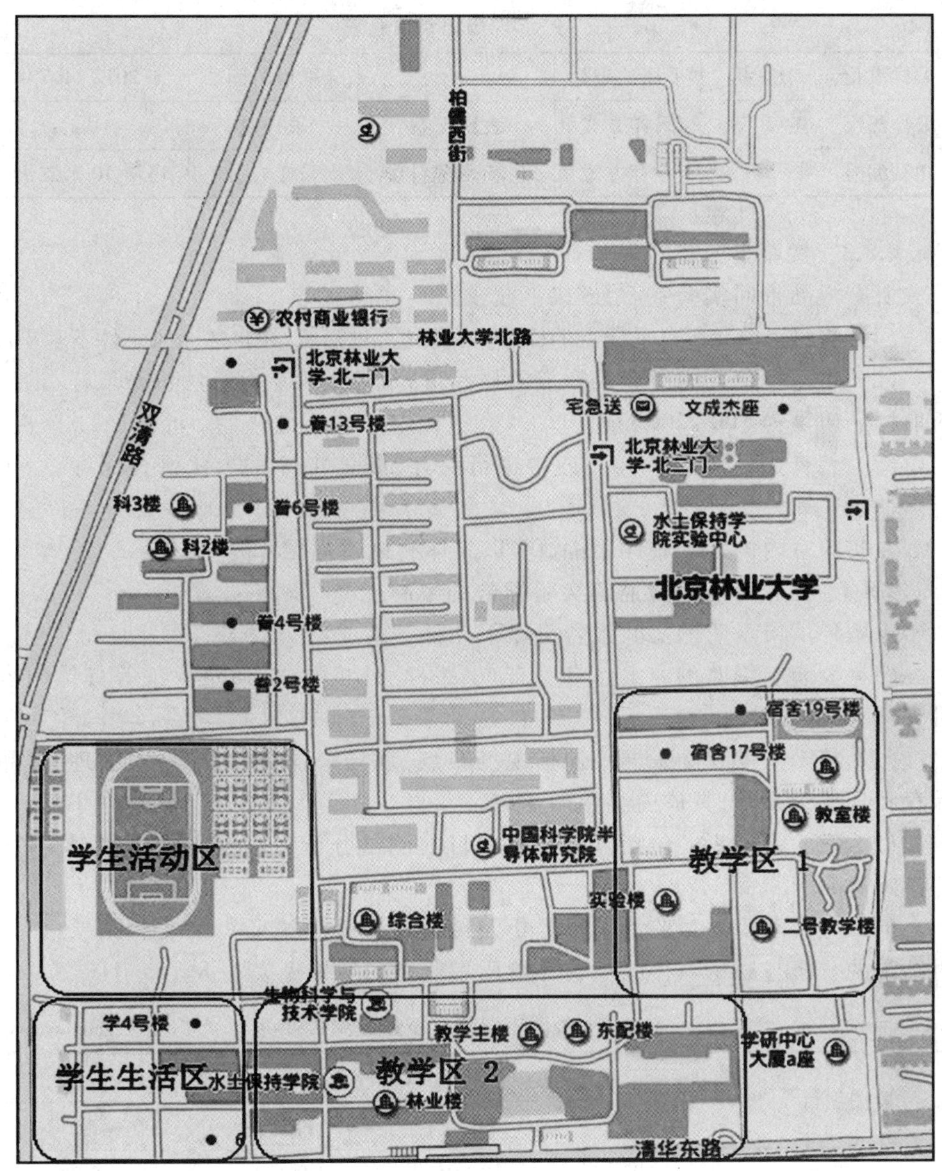

图 4-1　某大学校园土壤采样区域

的样品在现场不进行混合。

样品采集后，做好记录，带回实验室。

3. 现场记录

在现场采集土壤样品后，将所需要的信息填入表 4-7 中。

表 4-7 现场记录信息表

采样点位	教学区	采样地坐标		采样时间	2012.11.6
采样深度	0~20 cm	采样方式	表层土壤	采样量	1 kg
样品编号	3#	保存方式	现场用塑料袋	采样人员	环境 10 第二组

4.8.3 实验室分析

所有样品带回实验室后,按以下步骤进行样品制备:

(1) 将每个单元所有采样点的样品进行碾磨,过筛后,在自然通风条件下晾干。

(2) 将每个单元内所有采样点的样品进行混合,采用缩分法进行取样,最后所取样品质量为 100~200 mg。

(3) 将样品装入玻璃样品瓶中进行保存,按表 4-3 的方法进行保存,以进行下一步监测分析。

在实验室内测定土壤样品镉、DDT,具体测试过程见 4.4.1 和 4.4.2.。

4.8.4 土壤环境质量监测实验报告的编制

土壤环境质量监测实验报告由以下几部分组成:

(1) 校园土壤监测方案。有关布点、采样、分析测试、质量保证等具体内容可参阅 4.8.1。

(2) 校园土壤现场采样。包括现场布点、现场采样、现场样品预处理、样品保存和现场记录等,具体内容参阅 4.8.2。

(3) 实验室分析。包括具体监测项目的测试分析方法与实验操作,具体内容参阅 4.4。

(4) 土壤环境质量监测结果分析及结论。包括监测所得的实验结果,以及对结果的分析与讨论。校园土壤环境质量监测的结果见表 4-8。

表 4-8 校园土壤环境质量监测结果 单位:mg/kg

监测项目	采样点			
	生活区	教学区	苗圃	标准①
镉	0.105	0.095	0.132	≤0.20
DDT	<0.05	<0.05	<0.05	≤0.05

①《土壤环境质量标准》(GB/T 15618—1995)中的一级标准。

由表 4-9 可以看出,某大学校园土壤中的重金属镉含量低于《土壤环境质量标准》(GB/T 15618—1995)中的一级标准,DDT 含量低于一级标准。镉是我国土壤污染的主要重金属之一,由于校园内的活动是以教学和生活活动为主,不存在生产性活动,所以也就不存在重金属镉的污染来源,从实验结果可以看出,重金属镉的土壤含量与北京地区的背景含量相近，表明校园土壤镉的质量状况良好。DDT 主要是来源于农药的使用，虽然已经被列入受禁止使用的农药范围，但是有时还会在土壤中残留，从校园土壤的监测结果可以看出，虽然校园绿化需要使用一定杀虫剂等农药，在 DDT 方面也没有受到污染。从重金属和农药 2 个代表性指标可以看出，校园土壤质量较好。

4.9　本章小结

通过本章的实验教学和案例分析，学生学会针对土壤环境质量监测任务，制定相应的监测方案，在方案中包括了监测项目、监测点位、采样时间、样品预处理和保存、现场采样、实验室分析、实验报告撰写等方面的内容。然后，学生根据自己所制定的监测方案开展现场调研，确定采样点位，并在实验室开展采样的前期准备，包括采样器具和材料的准备。在完成现场采样和记录后，将样品运输至实验室，对所采集的土壤样品进行前期处理，包括样品的干燥、磨碎和筛分。然后开展实验室内的分析测试，掌握土壤样品的消解操作和索氏提取，以及原子吸收光谱仪和气相色谱仪使用的原理和操作。最后完成实验数据的整理分析与实验报告的撰写。通过该实验，学生可掌握土壤环境质量监测的全流程操作，能够相对独立地完成土壤环境质量监测工作。

第 5 章

环境噪声监测

5.1 实验目的

在环境噪声监测的理论课学习的基础上，通过本实验，希望达到如下目的：学生根据环境监测课程学习内容、依据相关规范、本实验指导学会制定监测方案；突出现场实验部分，让学生根据自己的方案来完成环境噪声现场实验的准备、现场采样、测试和记录。通过环境噪声监测实验，掌握环境噪声监测数据的处理方法；学会环境噪声监测实验报告的写作；经过训练，使本科生能够相对独立地完成环境噪声监测任务；提高学生综合运用知识、解决问题以及动手能力。

5.2 环境噪声监测方案的制定

5.2.1 区域环境噪声监测

1. 监测目的

评价所选择监测区域环境噪声水平，分析声环境状况的变化规律和变化趋势。

2. 监测点位

将整个监测区域划分成多个等大的正方形网格，对于未连成片的建成区，正方形网格可以不衔接。网格中水面面积或无法监测的区域（如禁区）面积为100%及非建成区面积大于50%的网格为无效网格。

在每一个网格的中心布设 1 个监测点位。若网格中心点不宜测量（如水面、禁区、马路行车道等），应将监测点位移动到距离中心点最近的可测量位置进行测量。监测点位高度距地面为 1.2~4.0 m。

监测点位基础信息见表 5-1 规定的内容，并作记录。

表 5-1　区域噪声环境监测点位基础信息表

网格代码	测点名称	测点参照物	网络覆盖人口/万人	功能区代码	备注

填表人：　　　　　　　　　　填表日期：

注：功能区代码：0. 0 类区，1. 1 类区，2. 2 类区，3. 3 类区，4. 4 类区。

3. 监测时间和频率

昼间监测一般选在 8:00—12:00 或 14:00—18:00 内进行。夜间监测一般选在 22:00—5:00 进行。每个监测点位测量 10 min 的等效连续 A 声级 L_{eq}（等效声级），在瞬时值记录表中每隔 5 s 记录一个数据，记录 100 个数据。将数据从小到大排列后记录累积百分声级 L_{10}、L_{50}、L_{90}、L_{max}、L_{min} 和标准差（SD）。区域噪声环境监测记录表见表 5-2。

表 5-2　噪声瞬时值记录表

环境噪声测量记录	
年　　月　　日	时　　分至　　时　　分
星期：	测量人：
天气：	仪器：
地点：	计权网络：
噪声源：	档位：
取样间隔：	取样总次数：
具体噪声记录数据：	

5.2.2　道路交通噪声环境监测

1. 监测目的

反映道路交通噪声源的噪声强度，分析道路交通噪声声级与车流量、路况等的关系及变化规律，分析城市道路交通噪声的变化规律和变化趋势。

2. 监测点位

根据以下原则进行监测点位的选择：

（1）能反映建成区内各类道路（城市快速路、城市主干路、城市次干路、含轨道交通走廊的道路及穿过城市的高速公路等）交通噪声排放特征。

（2）能反映不同道路特点（考虑车辆类型、车流量、车辆速度、路面结构、道路宽度和敏感建筑物分布等）交通噪声排放特征。

(3) 道路交通噪声监测点位数量。一个测点可代表一条或多条相近的道路。根据各类道路的路长比例分配点位数量。

(4) 测点选在路段两路口之间,距任一路口的距离均大于 50 m,路段不足 100 m 的选路段中点,测点位于人行道上距路面(含慢车道)20 cm 处,监测点位高度距地面为 1.2~6.0 m。测点应避开非道路交通源的干扰,传声器指向被测声源。

监测点位基础信息见表 5-3 规定的内容,并作记录。

表 5-3 道路交通噪声环境监测点位基础信息表

测点代码	测点名称	测点参照物	路段名称①	路段起止点	路段长度/m	路幅宽度/m	道路等级②	路段覆盖人口/万人	备注③

填表人: 填表日期:

① 路段名称、路段起止点,路段长度:指测点代表的所有路段。② 道路等级:1.城市快速路,2.城市主干路,3.城市次干路,4.城市含路面轨道交通的道路,5.穿过城市的高速公路,6.其他道路。③ 路段覆盖人口:指该代表路段两侧对应的 4 类噪声环境功能区覆盖的人口数量。

3. 监测时间和频率

昼间监测一般选在 8:00—12:00 或 14:00—18:00 内进行。夜间监测一般选在 22:00—5:00 进行。每个测点测量 20 min 等效声级 L_{eq},在瞬时值记录表中每隔 5 s 记录一个数据,记录 200 个数据。将数据从小到大排列后记录累积百分声级 L_{10}、L_{50}、L_{90}、L_{max}、L_{min}和标准差(SD),分类(大型车、中小型车)记录车流量。道路交通噪声环境监测记录表(见表 5-2)。

5.3 现场监测

5.3.1 实验仪器的准备

监测仪器为声级计。声级计又叫做噪声计,是一种按照一定的频率计权和时间计权测量声音的声压级和声级的仪器,是声学测量中最常用的基本仪器。监测过程中需要记录笔和监测点位基本信息表、瞬时值记录表与监测记录表。

5.3.2 现场监测和记录

按照要求开展监测,并将监测结果记录于表 5-2 中。

5.4 噪声数据处理与结果评价

5.4.1 区域环境噪声监测的数据处理

监测瞬时值数据记录在表 5-2 内,经处理后应按表 5-4 规定的内容记录。

表 5-4　区域噪声环境监测记录表

网络代码	测点名称	月	日	时	分	声源代码①	L_{eq}	L_{10}	L_{50}	L_{90}	L_{max}	L_{min}	标准差(SD)	备注

测试人员：　　　　　　　　填表日期：

① 声源代码：1.交通噪声，2.工业噪声，3.施工噪声，4.生活噪声。两种以上噪声填主噪声。除交通、工业、施工噪声外的噪声归入生活噪声。

计算整个监测区域噪声总体水平，可分析计算昼间或夜间等效连续声级，或将网格测点测得的等效声级分昼间和夜间，按式(5-1)进行算术平均运算，所得到的昼间平均等效声级$\overline{S_d}$和夜间平均等效声级$\overline{S_n}$，代表该城市昼间和夜间的环境噪声总体水平。

$$\overline{S}=\frac{1}{n}\sum_{i=1}^{n}L_i \tag{5-1}$$

式中：$\overline{S}$——城市区域昼间平均等效声级($\overline{S_d}$)或夜间平均等效声级($\overline{S_n}$)，dB(A)；

L_i——第 i 个网格测得的等效声级，dB(A)；

n——有效网格总数。

5.4.2　区域环境噪声监测结果评价

区域环境噪声总体水平按《声环境质量标准》(GB 3096—2008)中的表 5-5 进行评价。

表 5-5　城市区域环境噪声总体水平等级划分　　单位：dB(A)

等级	0 类	1 类	2 类	3 类	4a 类	4b 类
昼间平均等效声级($\overline{S_d}$)	50	55	60	65	70	70
夜间平均等效声级($\overline{S_n}$)	40	45	50	55	55	60

注：城市区域环境噪声总体水平等级“一级”至“五级”(0 类到 4 类)可分别对应评价为“好”、“较好”、“一般”、“较差”和“差”。

5.4.3　道路交通噪声监测的数据处理

监测瞬时值数据记录在表 5-2 内，经处理后应按附表 5-6 规定的内容记录。

表 5-6 道路交通噪声环境监测记录表

测点代码	测点名称	月	日	时	分	L_{eq}	L_{10}	L_{50}	L_{90}	L_{max}	L_{min}	标准差(SD)	车流量(______辆/min)		备注
													大型车	小型车	

测试人员： 填表日期：

将道路交通噪声监测的等效声级采用路段长度加权算术平均法，按式(5-2)计算城市道路交通噪声平均值。

$$\overline{L}=\frac{1}{l}\sum_{i=1}^{n}(l_i \times L_i) \tag{5-2}$$

式中：$\overline{L}$——道路交通昼间平均等效声级($\overline{L_d}$)或夜间平均等效声级($\overline{L_n}$)，dB(A)；

l——监测的路段总长，$l=\sum_{i=1}^{n} l_i$；

l_i——第 i 测点代表的路段长度，m；

L_i——第 i 测点测得的等效声级，dB(A)。

5.4.4 道路交通噪声监测结果评价

道路交通噪声的平均值按《声环境质量标准》(GB 3096—2008)进行评价。

5.5 噪声监测质量保证措施

噪声监测的测量仪器精度、气象条件和采样方式等应符合《声环境质量标准》(GB 3096—2008)的相应要求。噪声测量仪器在每次测量前后应在现场用声校准器进行声校准，其前后校准示值偏差不应大于 0.5 dB，否则测量无效。测量需使用延伸电缆时，应将测量仪器与延伸电缆一起进行校准。城市声环境常规监测应在规定时间内进行，不挑选监测时间或随意按暂停键。区域监测过程中，凡是自然社会可能出现的声音(如叫卖声、说话声、小孩哭声、鸣笛声等)，均不予以排除。

5.6 思考题

(1) 在噪声监测取样时，过往车辆与行人是否对瞬时的噪声测量产生影响，如何影响？当影响比较大时，可采取什么方法进行改进和避免？

(2) 噪声监测数据为什么应该呈现正态分布，如果数据不呈现正态分布，其原因是什么？此时，噪声监测应该如何进行？数据应该如何处理？

5.7 案例——某大学校园环境区域噪声监测

5.7.1 监测方案的制定

1. 案例背景

本案例主要是针对某大学校园环境噪声进行监测，以了解本校园中的环境噪声污染状况。因此，参照《声环境质量标准》(GB 3096—2008)来进行噪声监测和评价。

2. 监测点位

根据校园内功能布局的特征，将校园按网络法和功能区划分，分为教学区、学生生活区、学生活动区，如图 5-1 所示。其中教学区由 2 个区域组成，教学区域 1 主要是由教学办公楼和部分学院教学楼组成，教学区域 2 主要是本科教学楼和部分学院教学楼组成。为了了解校园内学习和生活区域的噪声状况，主要将监测点位布设在教学区和学生生活区，每个区域布置 2 个监测点位。学生活动区主要是学生从事课外体育活动的区域，此区域不布设噪声监测点位。具体布点可见图 5-2.

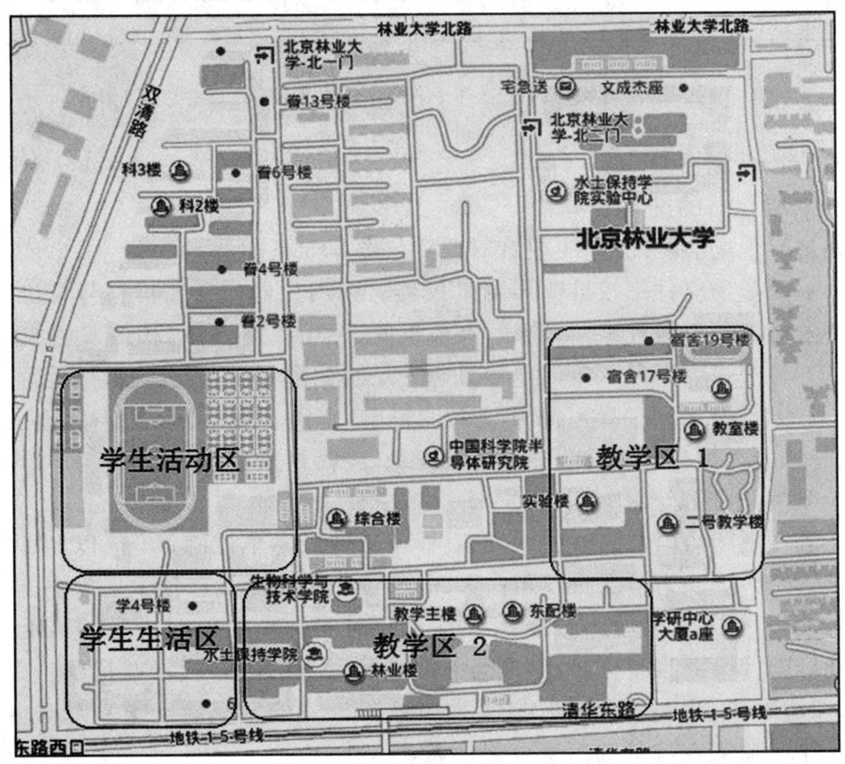

图 5-1　某大学校园功能区划图

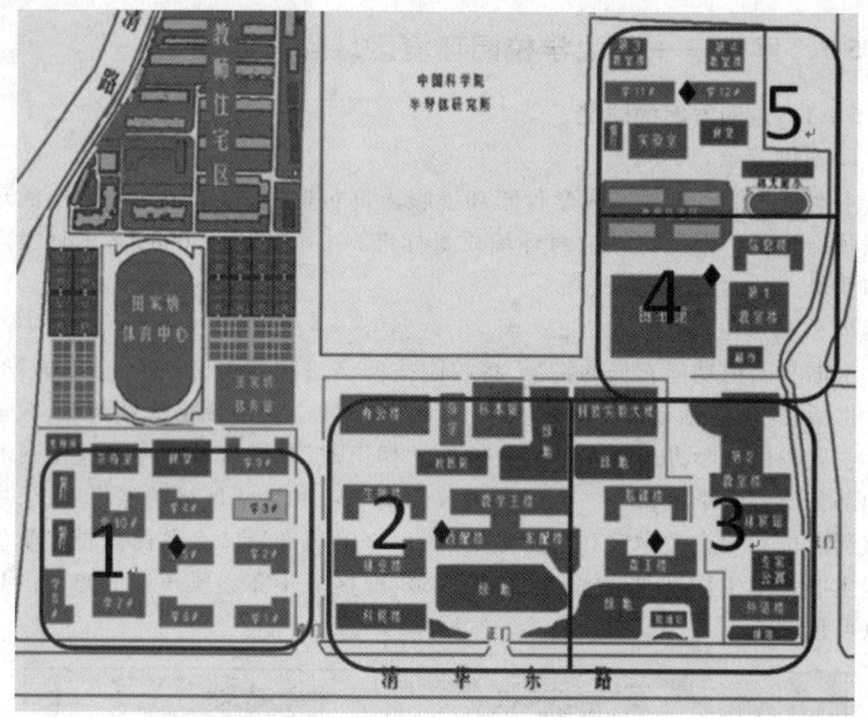

图 5-2 校园内噪声监测具体点位布设(◆为监测点位具体位置)

5.7.2 现场监测

1. 实验仪器的准备

在进行现场监测之前,主要针对监测仪器作如下准备:

(1) 测量前应仔细校准噪声测量仪器。可用仪器内部校准信号校准,也可用活塞发声器和声级校准器校准。在校准时,要用线性(LIN)档或 C 档校准。

(2) 检查噪声测量仪电池电压是否充足。如果不足,需要更换电池。

(3) 为了防止风对噪声测量仪器的影响,在测量时,要在枏声器上安装风罩,户外风力不得超过 4 级。如果超过 4 级,应择日监测。

2. 现场采样和记录

在进行现场噪声监测时,采样的具体位置应该离车行道 20 cm 以上,以避免来往车辆的影响。为了反映校园白天的噪声状态,应尽量避免学生集中上、下课的时间,由于行人增多而产生测量干扰,所以时间设置为 8:00-12:00 AM 为好。

现场进行噪声监测时,采集数据为 100 个,每间隔 5 s 读取并记录一个噪声数据,即瞬时 A 声级数据。同时,将噪声监测相关信息记录于噪声瞬时值记录表 5-7 中。监测点位基础信息可记录表 5-8 中。

表 5-7 噪声瞬时值记录表

环境噪声测量记录	
2012 年 10 月 16 日	9 时 20 分至 9 时 30 分
星期:二	测量人:张强
天气:晴	仪器:噪声仪
地点:生活区	计权网络: A
噪声源:生活源	档位: LIN
取样间隔: 5 s	取样总次数: 100
具体噪声记录数据:51.3,53.6,65.4,62.1,60.9,52.1,50.2,…,共计 100 个监测数据。	

表 5-8 校园区域声环境监测点位基础信息表

网格代码	测点名称	测点参照物	网络覆盖人口/万人	功能区代码	备注
1	生活区	学 4#、学 5#	0.5	1 类区	

填表人:张强　　　　填表日期:2012.10.16

5.7.3 实验室数据分析

按照 5.4.1 的方法进行环境噪声的监测数据分析,并评价校园环境噪声质量。

5.7.4 环境噪声实验监测报告的编制

环境噪声实验监测报告主要由以下几个部分组成:

(1) 环境噪声实验方案。包括监测区域背景情况、监测点位的选择与布设,详细见 5.7.1.

(2) 现场监测。包括现场监测点位基础信息表、噪声瞬时值记录表内容,详细记录见 5.7.2.

(3) 实验室数据处理。对数据进行分析,如果数据符合正态分布,在正态概率纸上画出累积分布曲线,其中累积百分声级 L_{10}、L_{50}、L_{90} 的计算方法可采用两种方法:在正态概率纸上从累积分布曲线得到;将测定数据从大到小进行排列,找到第 10 个数据、第 50 个数据和第 90 个数据作为累积百分声级。在此基础上按公式(5-1)计算等效连续声级值。

(4) 噪声监测结果分析与结论。经实验数据处理,所得某大学校园噪声为 54.1 dB(A),根据《声环境质量标准》(GB 3096—2008),达到 1 类标准。虽然是在学校的学生生活区域进行的噪声监测,但是由于存在较多的人群活动,比如人群的过往、人群的说话交流、车辆的过往等,白天的噪声值仍然偏大,接近于标准中的1类标准限值。

5.8 本章小结

通过本章的实验教学和案例分析，学生学会针对声环境质量监测任务，制定相应的监测方案，在方案中包括了监测点位、采样时间、现场采样、数据分析等方面的内容。然后，学生根据自己所制定的监测方案开展现场调研，确定采样点位，并在现场开展声环境监测，学会噪声仪的正确使用。在完成现场噪声数据采样和记录后，进行噪声数据的分析，最后完成实验报告的撰写。通过该实验，学生可掌握声环境质量监测的全流程操作，能够相对独立地完成声环境质量监测工作。

参考文献

[1] 奚旦立，孙裕生，刘秀英主编. 环境监测(第三版). 北京:高等教育出版社，2010.

[2] 奚旦立主编. 环境监测实验. 北京:高等教育出版社，2011.

[3] 陈穗玲，李锦文，曹小安主编. 环境监测实验. 广州:暨南大学出版社，2010.

[4] 孙福生，张丽君主编. 环境监测实验. 北京:化学工业出版社，2007.

[5] 潘健民，成岳主编. 环境监测实验. 北京:科学出版社，2009.

[6] 中华人民共和国国家标准(GB 3838—2002). 地表水环境质量标准. 北京:中国环境科学出版社，2002.

[7] 中华人民共和国环境保护行业标准(HJ/T 91—2002). 地表水和污水监测技术规范. 北京:中国环境科学出版社，2002.

[8] 中华人民共和国国家标准(GB/T 11901—1989). 水质　悬浮物的测定　重量法. 北京:中国环境科学出版社，1989.

[9] 中华人民共和国国家标准(GB 11914—1989). 水质　化学需氧量的测定　重铬酸盐法. 北京:中国环境科学出版社，1989.

[10] 中华人民共和国环境保护行业标准(HJ 505—2009). 水质　五日生化需氧量(BOD_5)的测定稀释与接种法. 北京:中国环境科学出版社，2009.

[11] 中华人民共和国环境保护行业标准(HJ 536—2009). 水质　氨氮的测定　水杨酸分光光度法. 北京:中国环境科学出版社，2009.

[12] 中华人民共和国国家标准(GB/T 11892—1989). 水质　高锰酸盐指数的测定. 北京:中国环境科学出版社，1989.

[13] 中华人民共和国国家标准(GB/T 11894—1989). 水质　总氮的测定　碱性过硫酸钾消解紫外分光光度法. 北京:中国环境科学出版社，1989.

[14] 中华人民共和国国家标准(GB/T 11893—1989). 水质　总磷的测定　钼酸铵分光光度法. 北京:中国环境科学出版社，1989.

[15] 中华人民共和国国家标准(GB 3095—2012). 环境空气质量标准. 北京:中国环境科学出版社，2012.

[16] 中华人民共和国环境保护行业标准(HJ 618—2011). 环境空气 PM_{10} 和 $PM_{2.5}$的测定　重量法. 北京:中国环境科学出版社，2011.

[17] 中华人民共和国环境保护行业标准(HJ 482—2009). 环境空气二氧化硫的测定 甲醛吸收-副玫瑰苯胺分光光度法. 北京:中国环境科学出版社, 2009.

[18] 中华人民共和国环境保护行业标准(HJ 479—2009). 环境空气氮氧化物(一氧化氮和二氧化氮)的测定 盐酸萘乙二胺分光光度法. 北京:中国环境科学出版社, 2009.

[19] 中华人民共和国国家标准(GB 15618—1995). 土壤环境质量标准. 北京:中国环境科学出版社, 1995.

[20] 中华人民共和国环境保护行业标准(HJ/T 166—2004). 土壤环境监测技术规范. 北京:中国环境科学出版社, 2004.

[21] 中华人民共和国国家标准(GB/T 17140—1997). 土壤质量 铅、镉的测定 KI-MIBK 萃取火焰原子吸收分光光度法. 北京:中国环境科学出版社, 1997.

[22] 中华人民共和国国家标准(GB/T 14550—1993). 土壤质量 六六六和滴滴涕的测定 气相色谱法. 北京:中国环境科学出版社, 1993.

[23] 中华人民共和国国家标准(GB 3096—2008). 声环境质量标准. 北京:中国环境科学出版社, 2008.

[24] 中华人民共和国环境保护行业标准(HJ 640—2012). 环境噪声监测技术规范 城市声环境常规监测. 北京:中国环境科学出版社, 2012.